Romeo Alavi Kia + Renate Schulze-Schindler

Sonne, Mond und Stimme

Atemtypen in der Stimmentfaltung

Romeo Alavi Kia + Renate Schulze-Schindler

Sonne, Mond und Stimme

Atemtypen in der Stimmentfaltung

AURUM

Romeo Alavi Kia + Renate Schulze-Schindler

Sonne, Mond und Stimme

Atemtypen in der Stimmentfaltung

Illustrationen: Martin Tiefenthaler

Gestaltung (Innenteil): Eckhard Schönke

Gestaltung (Umschlag): Kerstin Fiebig [ad department, Bielefeld]

Druck & Verarbeitung: Grafoprint, Gornji Milanovac

www.kamphausen.media

13. Auflage 2025

Bibliografische Information der Deutschen Nationalbibliothek:
Die Deutsche Nationalbibliothek verzeichnet diese Publikation in der Deutschen Nationalbibliografie; detaillierte bibliografische Daten sind im Internet über https://dnb.de abrufbar.

ISBN Print 978-3-89901-349-8
ISBN eBook 978-3-95883-175-9

Inhalt

Danke

Dr. Juliane Molitor für das Zusammenführen unserer Polaritäten. Den Lopis für Speis und Trank während der Klausuren. Carl-Heinrich für sein Dasein. Erich Wilk und Dr. Charlotte Hagena für ihre jahrelange Forschung, die wir zur Grundlage für dieses Buch machen konnten. Maxi für seine immer gute Laune. Unseren Schülerinnen und Schülern.

Wie alles entstand

Im Jahre 1989 lernte ich Renate Schulze-Schindler in einem Seminar kennen. Sie hatte sich für meine Arbeit interessiert und erklärte sich später bereit, Kurse für mich in Bremen zu organisieren. Während meiner folgenden Aufenthalte im Norden Deutschlands entwickelten sich sowohl eine persönliche Freundschaft als auch eine andauernde intensive Auseinandersetzung über Themen wie Musik und Stimme, Stimme und Persönlichkeit, Modelle der Stimmpädagogik usw. Ich schätzte die Gespräche mit Renate immer sehr, bis zu den Momenten, in denen sie auf ihr (wie ich bald herausfand) »Lieblingsthema« umzuschwenken begann: *Atemtypen.* Heute kann ich sagen, daß dieses Thema damals ein rotes Tuch für mich gewesen sein muß. Renate begann von ihren ... typen zu schwärmen, und ich hätte am liebsten das Gespräch beendet, das Lokal verlassen oder was immer. Nur mich nicht diesem Thema aussetzen. Renate hatte Frau Dr. Hagena kennengelernt und mit ihr ein System einer Typisierbarkeit des Menschen hinsichtlich seines Atems. Nicht Physiognomie, nicht Charakter oder Eneagramm – Atem. Ich muß sagen, daß die These, es gäbe Einatmer und Ausatmer, meine grundsätzlichen Widerstände zum Thema »Typisierbarkeit des Menschen« nicht gerade verringerte.

1991 erschien *Stimme – Spiegel meines Selbst* und wurde alsbald zu einem Standardlesebuch für viele, die sich mit Stimme beschäftigen. Mein Ansatzpunkt war also nicht so verkehrt. Die Atemtypen jedoch waren immer noch da! Es ärgerte mich, daß es da etwas geben sollte, von dem weder ich noch die Stimmbildungsszene bisher etwas gewußt hatte. Was sollte ich also tun? Niemand konnte mir weiterhelfen, denn generell gingen und gehen alle (Gesangsschulen) davon aus, daß der menschliche Körper (und damit auch die Atemmechanismen) bei allen gleichermaßen funktioniert.

Aber damit konnte ich bei Renate nicht landen. Für sie basierte das Leben auf einem Polaritätsprinzip, das sich letztlich in allem erkennen ließ. Wir kamen auf keinen grünen Zweig. Ich wollte ihr ja gern glauben (theoretisch!), aber mich bei meiner Arbeit als Stimmbildner auf derartige Experimente einzulassen, erschien doch mehr als waghalsig. Renate blieb dabei! Und so war es ihrer Hartnäckigkeit zu verdanken, daß ich irgendwann sagte: »Okay! Wenn an dieser Sache wirklich etwas dran ist, muß es *hörbar* sein!«

Also organisierten wir ein Seminar, in dem wir erstmals eine Unterteilung in Atemtypen vornahmen und versuchten (das muß ich hier wirklich hervorheben – es war ein Erstversuch!), gemäß einer Atemtypenpolarität zu unterrichten. Bei aller Unbeholfenheit auf unserer Seite sprachen die stimmlichen Ergebnisse unserer Teilnehmer und Teilnehmerinnen für sich. Schüler und Schülerinnen, mit denen ich seit einiger Zeit nicht mehr so recht weitergekommen war, wuchsen innerhalb kürzester Zeit über sich hinaus, schafften technisch-musikalische Schwierigkeiten viel spielerischer. Darüber hinaus veränderte sich Wesentliches (wie mir schien) am stimmlichen Grundcharakter. Er war noch echter, persönlicher, kraftvoller. Und das alles bei weniger Aufwand, denn die Teilnehmer und Teilnehmerinnen berichteten, daß sie sich selten so mühelos in ihrem Singen gefühlt hatten. Jetzt aber kam die Besonderheit. All jene, die die größten Veränderungen durchlaufen hatten, hatten eines gemeinsam: *Sie waren Einatmer.* Ja, nun war es wirklich hörbar gewesen. Was sollte ich noch dagegenhalten? Es gab nichts mehr, und ich hatte auch kein Interesse mehr daran, denn die Ergebnisse hatten für sich selbst gesprochen. Es war alles in allem so überzeugend, daß Renate und ich uns zumindest darin einig waren, daß *an den Atemtypen kein Weg mehr vorbeiführt.*

Ein völlig neuer Horizont, völlig neue Dimensionen und Perspektiven taten sich mit einem Mal auf. Und ich konnte feststellen, wie ich mehr und mehr neugierig wurde auf das, was noch alles zu entdecken war. Hier konnte plötzlich eine Form der Polarität definiert und formuliert werden, die vieles von dem, was ich in der Suche mit meinen Schülern bisher nicht verstanden hatte, in ein völlig neues Licht rückte. Hier wurde ein Prinzip innerhalb seines polaren Zusammenhanges verstehbar, nachvollziehbar, akzeptabel und dadurch erst als grundsätzlich verschieden und andersartig lehrbar. Das klingt möglicherweise sehr abstrakt und kompliziert und ist nicht so ohne weiteres einsichtig. Aber viele Musikstudenten werden wissen, was wir meinen, wenn wir von einem Dogma sprechen, das noch in vielen Abteilungen von musikalischen Ausbildungsinstitutionen herrscht.

Es gibt für die Studenten nur *einen* Weg, *ein* Verständnis hinsichtlich der Gegebenheiten des Singens oder des instrumentalen Spiels.

Der Lehrer gibt ihnen vor, was zu tun ist und wie es zu tun ist. Haben sie Probleme damit, so bleibt es in der Regel ihnen selbst überlassen, damit fertig zu werden. Abweichungen von der (Lehrer-)Norm werden kaum geduldet, und nicht selten haben Studenten das Empfinden, *es nicht richtig zu machen,* auch wenn sie nicht wirklich nachvollziehen können, was richtig ist. Spätestens dann, wenn der Körper sich weigert, den ihm auferlegten Dienst zu leisten, wenn mit Krankheiten und anderen »Leistungsverweigerungen« reagiert wird, beginnen sie (die Studenten) sich nach anderen (alternativen?) Möglichkeiten umzusehen. Unter anderem begeben sich solche Suchende in unsere Kurse. Und hier entdecken sie, daß sie ja doch gar nicht so falsch lagen. Sie vermochten gewisse Dinge einfach deshalb nicht zu leisten, weil die geforderten funktionellen Voraussetzungen nicht ihrer persönlichen Natur entsprachen. Nicht selten hören wir Sätze wie: »Was, jetzt darf ich wieder einatmen?« Oder: »Ich habe früher so geatmet und es mir dann während meiner Ausbildung mühsam abgewöhnt.«

Nachdem wir für uns erkannt hatten, daß an den Atemtypen kein Weg mehr vorbeiführt, dauerte es noch eine ganze Weile, bis wir auch die Feinheiten herausgearbeitet hatten und das Ganze formulieren konnten. Hier sind wir für die Hilfe unserer Schüler und Schülerinnen dankbar, ohne deren musikalisches und persönliches Feedback wir unsere »Experimente« gar nicht hätten durchführen können. Da jedoch viele unserer Seminarteilnehmer auch noch mit anderen Stimmbildnern arbeiten, war es für uns im Laufe der Zeit natürlich eine Freude und Bestätigung, wenn jemand berichtete, daß auch die Kollegen (Lehrer oder Lehrerinnen) die Veränderungen wahrnehmen konnten. Und so überrascht es uns heute nicht mehr, wenn Lehrer und Schüler zusammen in unseren Seminaren sitzen, oder wenn Professoren sozusagen indirekt von ihren Studenten geschickt werden, weil sie die Veränderungen ihrer Schüler besser verstehen möchten.

Die Atemtypen sind zum Glück immer noch da! Sie sind nicht mehr wegzudenken, und manchmal frage ich mich, wie Generationen von Sängern und Sängerinnen ohne das Wissen um die Atempolarität ausgebildet wurden. Aber vielleicht ändert sich das ja nun. *Renate, ich danke dir für deine Hartnäckigkeit!*

Romeo Alavi Kia

Es war in der Tat so: Nachdem sich die Sichtweise der Atempolarität erst einmal Zugang in mein Leben verschafft hatte, erschien es mir immer sinnfälliger, *alles* Lebendige – und erst recht den Gebrauch der Stimme – in diesem Licht zu betrachten.

Aber auch ich hatte einige Widerstände zu überwinden, bevor ich mich dieser »Typenlehre« überhaupt zuwandte. Ihre Existenz und die wunderbare Wirkung ihrer Anwendung war mir aus dem medizinischen Bereich schon längere Zeit bekannt, ohne daß ich Interesse daran verspürte, denn die Merkmale dieser »Typisierung« paßten in keiner Weise zu meiner damaligen Vorstellung von »richtiger« Atmung, Ernährung und Lebensweise.

Dies änderte sich erst, als ich – durch Krankheit veranlaßt – auf der Suche nach alternativen Heilmethoden war. Erst jetzt war ich bereit, mein so festgefügtes Wissen über Gesundheit neu zu überprüfen. Erst jetzt – vor inzwischen *sechs* Jahren – begegnete ich der Kinderärztin Dr. Charlotte Hagena, die die Lehre von der Atempolarität schon seit 35 Jahren erfolgreich anwendet.

Die erste Atemsitzung war nicht leicht. Viele Jahre hatte ich mir das »In-den-Bauch-Atmen« antrainiert, weil es überall – ob im Gesang, in der Körpertherapie oder in der Meditation – für alle gleichermaßen gelehrt wurde.

Und nun sollte ich diese Gewohnheit einfach abstellen und als falsch verwerfen, um stattdessen in die Brust zu atmen. (Ich kannte dieses Phänomen als pathologische Hochatmung.) Das Resultat war ebenso verblüffend wie berührend.

Es bedurfte nur einer Sitzung bei Frau Dr. Hagena, um zu fühlen und zu wissen: Diese Atmung stimmt für mich! Und mag es meinem Verstand noch so widerstreben. Sie berührt etwas Essentielles, zu dem ich lange Jahre den Kontakt verloren hatte. Und ich wußte sofort: Dies wird grundlegende Konsequenzen nicht nur für *meine* Gesundheit, sondern für die ganze Körper- und Stimmarbeit haben, die ich damals gerade begonnen hatte – ja, für die gesamte Gesangs- und Musikpädagogik überhaupt. (Mal abgesehen von dem gesamten Feld der Pädagogik, in dem ich damals noch als Lehrerin tätig war.)

Damit begann die Entdeckung meines eigenen »Atemtyps«, gegen den ich mich so lange erfolgreich gewehrt hatte. Es bedurfte intensiven Übens unter der Anleitung von Frau Dr. Hagena, um meine angelernten, »typenfremden« Bewegungsmuster und Haltungen als mir hinderliche Gewohnheiten zu erkennen und zu korrigieren.

Parallel dazu begann ich, die Anwendung der Atempolarität auf die Funktion der Stimme im Dialog mit Romeo zu erforschen. Ich hatte ihn und seine Arbeit schätzen gelernt, weil mir sehr schnell klar wurde, daß sie den geeigneten Rahmen abgibt, um diese Differenzierbarkeit nach Atemtypen für die Stimme zu entwickeln und zu praktizieren. Ganz besonders schätzte ich Romeos Offenheit gegenüber Neuem, in diesem Falle sogar gegenüber (scheinbar) Unmöglichem.

Nur so konnte es zu unserem ersten gemeinsamen Seminar kommen, um das Unmögliche möglich werden zu lassen: zu erleben und zu akzeptieren, daß es zwei polar entgegengesetzte Funktionsweisen der Stimme gibt, und auf dieser Basis neue Entdeckungen in der Stimmarbeit zuzulassen. Wir hatten Glück: Die Polarität unserer beider Atemtypen kam dieser Erarbeitung entgegen. Romeo repräsentiert den Ausatemtyp und ich den Einatemtyp. War seine Arbeit bislang im wesentlichen von der Idee des Ausatemprinzips geleitet, so bedurfte es jetzt der Erarbeitung des polaren Gegentyps, des Einatemprinzips, in der Stimmarbeit.

So begann eine aufregende Zeit des Beobachtens, des Ausprobierens, des kühnen Vermutens, des Entdeckens an uns selbst und unseren Schülern. Leitendes Prinzip für dieses Forschen und die verallgemeinernde Formulierbarkeit war und ist bis heute die Frage: »Wie läßt sich zu jeder Übung, Bewegung oder Bewegungsrichtung das polare Gegenteil finden?« Und nicht selten mußten wir von kurzfristig erscheinenden Lösungen wieder Abstand nehmen, weil doch das Gewohnte, im Moment Komfortable sich durchzusetzen »drohte«.

Wenn dieses Polartitätsprinzip für alles Lebendige gültig ist, dann muß es in jeder Nuance auffindbar sein. Hergebrachtes Wissen über die Funktion der Atmung aus der Schulmedizin oder anderen Gesangs- oder Atemschulen konnte uns dabei immer nur ein Stück weiterhelfen. (»Irgendwas muß ja wohl stimmen, sonst würde man nicht schon Jahrhunderte/Jahrzehnte damit arbeiten!«) Aber in den entscheidenden Fragen wie Stimmansatz/Dynamik usw. halfen uns nur die konkreten Beobachtungen am Lebendigen, an unseren Schülern oder an uns selbst, und *der Mut, es gegen alles momentan gültige Wissen für möglich zu halten.*

Nur dadurch gelang es, unseren Verstand etwas in den Hintergrund treten zu lassen und uns vom Gespür für *Stimmigkeit* von Körper und Stimme im Moment leiten zu lassen. Und hier waren Romeo und ich uns in der konkreten Zusammenarbeit glücklicherweise einig. Natürlich beinhaltet dies auch heute noch ein ständiges Ringen und die Bereitschaft, alte Vorstellungen über den Haufen zu werfen und immer wieder alles in Frage zu stellen. Aber so ist eine lebendige Arbeit wohl immer und muß es auch bleiben, wenn sie in jedem Menschen die Möglichkeit offenläßt, daß alles auch ganz anders sein kann.

Renate Schulze-Schindler

Liebe Leserinnen und Leser,

wir bitten um Verständnis, daß wir aus Gründen der besseren Lesbarkeit eher die männliche Form von z. B. »Sänger«, »Kursteilnehmer«, »Musiker« und so weiter gewählt haben. Das scheint uns besonders erwähnenswert angesichts der Tatsache, daß der Großteil unserer Kursteilnehmer weiblich ist. Unsere Sprache reserviert die feminine Form allerdings nach wie vor für das weibliche Geschlecht, während die maskuline auch allgemein gültig ist. Und weil wir die Männer nicht ausgrenzen wollen, haben wir uns für den üblichen sprachlichen »Mittelweg« entschieden. Frau möge uns das bitte nicht übelnehmen.

Was es ist und was es nicht ist

Dieses Buch soll eine Anregung sein für alle, die im musikpädagogischen Bereich nach neuen Möglichkeiten suchen, eine Herausforderung für jene, die sich nach dem Motto, *daß nicht sein kann, was nicht sein darf,* bisher an bestimmte Tabus in der musikalischen Erziehung nicht heranwagten. Vielleicht geschah das aus dem Bewußtsein heraus, nichts falsch machen zu wollen. Doch was sind die Kriterien für *richtig und falsch?* Wir kennen verschiedene Schulen und mit ihnen verschiedene Stile, und die einen grenzen sich von den anderen ab. Wir wissen von den Beurteilungskriterien innerhalb einer Klasse, den *Richtig und falsch*-Vorgaben seitens der Professoren, die in extremen Fällen dazu führen, daß eine ganze Klasse versucht ist, den Stil des Meisters zu kopieren. Was sich hier wie eine zynische Bemerkung ausnimmt, ist leider Realität. Die daraus formulierten Leistungskriterien (einen Bach muß man *so* singen!) kommen von außen, vom Professor, von der Schule oder dem nationalen Stil und weniger aus dem Körper oder dem Herzen des/der Einzelnen. Aber gerade diese Aspekte sind für unsere Arbeit wesentlich. Was klingt durch – wo ist die Person (*personare:* das, was durchklingt)?

Wir sind weit davon entfernt, hier eine musikalische Anarchie propagieren zu wollen, aber für uns ist es ganz wesentlich, daß sich Musiker in dem wiederfinden, was sie tun, und zwar auf eine sehr persönliche Art und Weise. Denn in dem Augenblick, wo genau das passiert, bilden musikalischer Fluß und funktionale Leistung eine Einheit. Und gerade hierdurch finden sich Sänger/Sängerinnen und Instrumentalisten/Instrumentalistinnen im musikalischen Werk wieder. Große Interpreten haben immer eine Art Liebesbeziehung zu der von ihnen dargebrachten Musik gezeigt. Und was ist eine Liebesbeziehung anderes als eine tiefe innige Verbundenheit zu jemanden oder etwas, ohne sich dabei selbst aufzugeben oder zu verlieren? Für einen Musiker bedeutet die Entscheidung für diesen Beruf eine unter Umständen lebenslange Auseinandersetzung mit zwei Dingen: der Musik und sich selbst. Hält man sich beispielsweise vor Augen, auf welche Art und Weise der Pianist Glenn Gould sich dem musikalischen Werk Johann Sebastian Bachs gewidmet hat, so wird deutlich, welchen Grad an musikalischer Ausdruckskraft ein Mensch erreichen kann, der sich selbst vollkommen in der Musik wiederzufinden vermag. Ob Gould sich wohl an von außen vorgegebenen Kriterien orientierte? Es ist überflüssig, auf diese Frage mit nein zu antworten. Gould hat völlig neue Kriterien formuliert, und zwar allein aufgrund seines symbiotischen Liebesverhältnisses zu Bachs Musik. Er blieb Glenn Gould, machte die Musik Bachs zum Sprachrohr seiner Person und sich selbst zum Medium für diese Musik. Was will man als Musiker mehr?

Dieses Buch ist die Summe unserer Erfahrungen mit der Anwendung der Atemtypen im musikpädagogischen Bereich. Es ist der Versuch, möglichst kompakt die Dinge zu formulieren, die wir über die praktische Arbeit mit unseren Schülern und Schülerinnen neu verstehen lernten. Wir führten jedoch keine Statistiken (und werden das auch weiterhin nicht tun). Aber jeder Mensch, der zu uns kommt und ein Stück Begleitung auf seinem Weg möchte, läßt uns neugierig sein – ja, *gierig auf das Neue.* Wir tasten uns an ihn heran, schauen, fühlen, hören in die jeweilige Situation hinein und versuchen dann, beim Ausräumen der Schwierigkeiten zu assistieren. Und in dem Augenblick, wo die Stimme sich öffnet oder die Energie über das Instrument zu fließen beginnt, hören wir *den Atemtyp in Aktion!*

So ergibt sich die Stimmigkeit dieses Arbeitsprinzips gewissermaßen aus den Resultaten, denn das, was wir hören, überzeugt uns selbst immer wieder neu. Jedesmal bestätigt sich die typenmäßig richtige Funktion. In diesem Sinne möchten wir Ihnen das folgende Material mit auf den Weg geben. Es geht hier nicht etwa darum, ein System oder gar eine Technik anwenden zu wollen. Vielmehr gilt es, die »Gesetzmäßigkeiten« dieser Typenlehre immer wieder neu in den Studenten zu entdecken und allein dadurch ihrer Berechtigung zuzuführen. Es ist auch nicht unser Anliegen, bewährtes Wissen durch neues zu ersetzen, vielmehr wollen wir einen Blickwinkel erschließen, der den bereits vorhandenen Erfahrungsreichtum *neu ordnet.* Daher wollen wir auch keine neuen Übungen erfinden, sondern vielmehr die bereits vorhandenen sortieren. *Es gibt noch viel zu entdecken!*

Dieses Buch gibt Möglichkeiten an die Hand, sich selbst innerhalb eines musikalischen Rahmens zu entdecken und das eigene Potential gemäß der vorhandenen Disposition kontinuierlich zu entfalten. Da wir nicht alle gleich sind, funktionieren wir auch nicht alle in der gleichen Art und Weise. Es geht also darum, einen sehr persönlichen Weg zu finden und diesen dann mit einer gewissen Kompromißlosigkeit zu gehen. Hierdurch werden die *Richtig und falsch*-Kriterien auf eine ebenso persönliche Art und Weise formulierbar und allein dadurch in eben diesem persönlichen Sinne verbindlich. Und vielleicht zeigt sich dann, daß das, was gemeinhin als Charisma bezeichnet wird, letztlich nichts anderes ist als der Mut, zu sich selbst zu stehen und das auch nach außen hin zu repräsentieren – unabhängig von sämtlichen *Richtig und falsch*-Kriterien.[1*] Große Künstler haben das immer gezeigt, und genau das lieben wir an ihnen.

Ferner soll dieses Buch zu einem veränderten Bewußtsein hinsichtlich der Schüler-Lehrer-Beziehung beitragen. Da im musikpädagogischen Bereich vieles über das Prinzip der Imitation läuft und sich dadurch viele Details quasi zwischen den Zeilen vermitteln lassen, ist es natürlich wichtig, den jeweiligen Atemtyp von Schüler und Lehrer zu kennen. Vieles, was der Schüler so ganz nebenbei mitnimmt, kann, wenn es sich dabei um den umgekehrten Typ handelt, nämlich absolut nicht förderliche Wirkungen haben.[2] Viele dieser Schwierigkeiten können jedoch allein durch das Bewußtmachen der Unterschiedlichkeit von Schüler und Lehrer vermieden werden. Mit anderen Worten: Lehrer können differenzierter mit ihren Schülern arbeiten, wenn sie um das Polaritätsprinzip wissen. Sie haben eine zusätzliche Möglichkeit, ihre Schüler und Studenten bei der Entfaltung ihres künstlerischen Potentials zu begleiten. Und vielleicht weckt das auch in ihnen diese Neugier, diese Gier auf Neues, auf etwas, das noch im Schüler schlummert oder von dem er vielleicht nur eine vage Ahnung hat.

In diesem Sinne ist das Buch zu gebrauchen und weiterzuentwickeln. Es ist gewissermaßen *work in progress*. Und wenn es dazu inspirieren kann, hat sich die Arbeit für uns gelohnt.

* Sämtliche Anmerkungen sind ab Seite 156 kapitelweise zusammengefaßt.

Erich Wilk und Charlotte Hagena

Was gibt es Wissenswertes über die Menschen zu erzählen, die die Gesetzmäßigkeiten der Atemtypen in ihrem Leben entdeckt haben, sie anwendbar machten und verbreiteten? Welche Lebensumstände spielten dabei eine Rolle?

Hier ist als erstes Erich Wilk zu nennen. Alles, was wir über ihn wissen, stammt aus Erzählungen von Charlotte Hagena, die mehrere Jahre mit ihm zusammenarbeitete. Er selbst hat sich schon vor Jahren unerreichbar aus der Öffentlichkeit zurückgezogen.

Diesen Erzählungen zufolge wurde Erich Wilk am 2. 12. 1923 in einer »Bauernfamilie« geboren. Er bezeichnete sich selbst oft als Bauernkind, um damit immer wieder zu betonen, wie selbstverständlich und vertraut ihm die Einflüsse von Sonne und Mond auf die Landwirtschaft waren. Pflanzen und Ernten waren nie unabhängig von den Phasen dieser Gestirne denkbar. Von daher lag es für ihn nahe, sie als entscheidende Bezugsgrößen für das Erforschen menschlichen Verhaltens mit einzubeziehen. Offensichtlich hatte er schon von Kindheit an eine außergewöhnliche Fähigkeit zu beobachten und darüber hinaus die Gabe, beobachtete Phänomene durch strenge Logik auf ihre Gesetzmäßigkeiten hin zu überprüfen.

Außerdem verfügte er über eine exzellente musikalische Begabung – er spielte schon mit elf Jahren Konzerte auf der Geige. Sein Geigenunterricht gab ihm schon von frühester Jugend an Stoff für die spätere Lehre von den Atemtypen. Schon damals erkannte er Haltung und Spieltechnik seines Lehrers als anders und ungeeignet für seinen eigenen Körper. Diese Andersartigkeit seines Lehrers gab ihm jedoch keinen Anlaß zu »falscher« Nachahmung. Vielmehr stellte sie eine Herausforderung für das Erforschen des ihm Eigenen dar. Mit zunehmender Erfahrung geriet er immer mehr auf die Spur der Polaritäten im menschlichen Leben und Verhalten.

Diese Erlebnisse von »Andersartigkeit« des Lehrers, die unserer Erfahrung nach viele Schüler negativ für ihr Selbstwertgefühl verbuchen (»Es muß wohl an mir liegen, daß es bei mir nicht geht.«), ließen Erich Wilk wach werden für die Gesetzmäßigkeit von Gegensätzlichkeiten. Auch auf anderen Gebieten forschte er ständig weiter und machte seine Erfahrungen mit den Gesetzen der Typenpolarität, denn er war nicht nur musikalisch begabt, sondern auch mit sensitiven Fähigkeiten ausgestattet.

Nach seiner Schulzeit absolvierte er ein Musikstudium an der Hochschule für Musik in Berlin. Er studierte in der Meisterklasse für Geige, interessierte sich aber auch für alle Fakultäten, die ihm Aufschluß versprachen über seine Fragen nach den »Regeln« des Lebens. So verschaffte ihm der Blick in den Sport Erkenntnisse über die Gesetzmäßigkeiten von Bewegungsabläufen und den im Körper dafür vorgesehen Funkionen. Welche Disziplinen des Sports welche körperlichen Bedingungen voraussetzen, interessierte ihn genauso sehr wie anatomische Fragen nach Dichte und Struktur von Muskeln und Bindegewebe.

Überall, wo sich ihm Erkenntnismaterial bot, war Erich Wilk wach für neue, unkonventionelle Zusammenhänge. Auch suchte er als Student gern die Gesellschaft von jungen Leuten aus dem »kriminellen Milieu«. An ihnen konnte er besonders deutlich beobachten, wie eine typgemäße Entwicklung durch ungünstige Lebensumstände verhindert wurde und »großes Lebenspotential« verkannt blieb. Es gab nichts, was er nicht herangezogen hätte, um seine Beobachtung zu untermauern, daß es zwei Typen von Menschen gibt, die unter dem Einfluß von Sonne- und Mondphasen unterschiedliche Qualitäten und Fähigkeiten entwickeln. Psychische Verfassung, Konzentrationsfähigkeit und Intuition standen seiner Beobachtung nach in klarer Beziehung zu diesen Kräften.

Einen wesentlichen Bruch in seinem Leben brachte der Zweite Weltkrieg. Wilk wurde zum Wehrdienst eingezogen und mit der »Rommelarmee« drei Jahre lang in der ägyptischen Wüste gefangen gehalten. In dem Roman *Zeltbuch von Tumilat* von Erhart Kästner (1967) findet sich eine ausführliche Beschreibung der Situation, der Wilk dort ausgesetzt war. Unter den extremen Bedingungen des Gefangenenlagers muß Wilk sehr gelitten haben. Und dennoch waren es gerade diese kargen Umstände, die ihm die Gesetzmäßigkeit seiner Beobachtungen endgültig offenbarten. Sand und Menschen waren seine Umgebung, Tag und Nacht unter extremsten klimatischen Verhältnissen. Das muß ihn geradezu gezwungen haben, die menschlichen Empfindungen, Neigungen, Gewohnheiten und Verträglichkeiten in ihrer Gegensätzlichkeit zu erleben, wahrzunehmen und mit den Rhythmen von Sonne und Mond in Beziehung zu setzen. Während die einen in der Hitze auflebten, wurden andere davon krank. Wenn die einen den Tag früh beschlossen, fing er für andere erst an. Was der eine gut vertrug, bekam dem anderen schlecht.

Wilks vielfältige Erfahrungen waren gerade im Hinblick auf ihre Anwendbarkeit im medizinisch-therapeutischen Bereich so durchgreifend, daß sie ihn von der Ausübung seines Musikerberufes wegzogen und er sich ausschließlich dem Praktizieren seiner Lehre widmete. Im Laufe der Jahre entwickelte er ein Körperübungsprogramm, das all seinen Erkenntnissen von Typenpolarität Rechnung trug. In Alltagsbewegungen, im Tanz und im Sport sowie beim Reiten erkannte er Bewegungsabläufe in ihrer typenbezogenen inneren Dynamik und entwickelte daraus Körperübungen für den lunaren und für den solaren Typ. Er schuf damit ein Werkzeug, das die Diagnose und Heilung vieler von der Schulmedizin als »unheilbar« bezeichneten Krankheiten und Symptome ermöglichte.

Von da an begab er sich viel auf Reisen und behandelte Patienten sowie an der Lehre Interessierte. Positive Resonanz kam zu jener Zeit jedoch im wesentlichen von Menschen, die durch seine Therapie Linderung und Heilung ihrer Leiden gefunden hatten. Beispielsweise fand seine Arbeitsweise mehrere Jahre lang Anwendung in einem Sanatorium in Bad Pyrmont.

Hier begegnete Dr. Charlotte Hagena der Arbeit Erich Wilks als Patientin. Sie war 1909 in Lunow bei Angermünde geboren und in einer Pastorenfamilie mit zehn Geschwistern aufgewachsen. In harter Arbeit hatte sie sich das Medizinstudium erkämpft, nachdem sie erst die große Krankenpflege und Kinderkrankenpflege gelernt und abgeschlossen hatte.

Ihren Erzählungen nach befand sie sich bei ihrer Ankunft in Bad Pyrmont – vor nunmehr über 40 Jahren – in einem außergewöhnlich schlechten Gesundheitszustand. Das Sanatorium, in dem die Therapie nach Erich Wilk angewendet wurde, war ihr von Freunden empfohlen worden. Hier erfuhr sie in einem dreiwöchigen Aufenthalt eine so durchgreifende Heilung und Belebung, wie sie sie nie für möglich gehalten hätte. Sie wurde mit ihrem Atemtyp vertraut gemacht. Langsam aufbauend lernte sie die Körperübungen, wurde typgemäß ernährt und regenerierte auf diese einfache Weise und ohne jedes Medikament in kurzer Zeit ihren gesamten Organismus von Grund auf. Noch heute betont sie, daß sie sich nach diesen drei Wochen so gesund und vital wie nie zuvor gefühlt hatte.

Von da an ließ sie diese Lehre nicht mehr los, und sie begann sofort, sie in den Kinderheimen anzuwenden, wo sie als Kinderärztin arbeitete. 25 Jahre lang konnte sie wertvolle Erfahrungen darüber sammeln, wie Ernährung und »allgemeines Gedeihen« von der Anwendung der Typenlehre profitieren. Darüber hinaus stellten sich viele Heilerfolge ein, die nach konventioneller Behandlungsweise nicht denkbar waren.

In den ersten Jahren nach ihrer eigenen Genesung ergab sich eine enge Zusammenarbeit mit Erich Wilk. Von ihm lernte sie die grundlegenden Gesetzmäßigkeiten. Vor allem aber profitierte sie sehr von seiner kreativen Weise, schulmedizinisch unkonventionelle, aber nach den Gesetzen der Typenpolarität streng logische Lösungen zu finden. So gewann sie mit zunehmender Erfahrung immer mehr Mut, in dieser Richtung kreativ und gleichzeitig streng logisch vorzugehen. Ihre Fähigkeit, mit unermüdlicher Hingabe und großem Mut geeignete Behandlungsmöglichkeiten für jedes kranke Kind zu finden, hat viele Heilungen bewirkt, die mit schulmedizinischen Methoden zunächst nicht möglich schienen. Heute ist Charlotte Hagena 87 Jahre alt, und noch immer zeitigt ihr »Sechster Sinn« besonders bei kranken Säuglingen und Kleinkindern erstaunliche Ergebnisse.

Ihr Sohn Christian, 1948 geboren, ist heute ebenfalls als Arzt tätig. Er profitierte schon als Jugendlicher von den Kontakten zu Erich Wilk. Im Gegensatz zu seiner Mutter ist er ein solarer Typ und hat bereits mit 14 Jahren bei Erich Wilk die Körperübungen erlernt. Er genoß Wilks Besuche immer sehr, da dieser gerade für Jugendliche viel anregenden Gesprächsstoff mitbrachte. Heute geben Mutter und Sohn die Wilkschen Körperübungen in Seminaren und Einzelstunden weiter.

Das Prinzip der Polarität

Das Leben auf unserem Planeten ist ganz wesentlich von polaren Gegensätzen bestimmt. Wir kennen weiblich – männlich; Tag – Nacht; Freude – Leid; Yin – Yang; süß – salzig und einige mehr. Der Mensch hat sich seinen Alltag innerhalb dieser Polaritäten eingerichtet. Er schläft in der Nacht und arbeitet am Tage. Auch innerhalb eines Tages werden Ruhephasen von Arbeitsphasen abgelöst. Unser Leben ist voll von derartigen Gegensätzen. Vermutlich wird auch niemand anzweifeln wollen, daß sich das Leben innerhalb des menschlichen Körpers als Wechselspiel von Polaritäten vollzieht. Ganz gleich, ob es sich dabei um Bewegungsabläufe handelt, in denen Spannung und Entspannung einander abwechseln, oder um das Pulsieren des Herzens: Alle Funktionen des Lebendigen sind eingebunden in ein rhythmisches Wechselspiel von Polaritäten. Und obgleich es uns nicht ständig bewußt ist, sind wir geneigt, dieses Phänomen als *natürlich* zu bezeichnen, sollte die Sprache darauf kommen.

Schon weniger Einigkeit herrscht hingegen, wenn es um Polaritäten *zwischen* Menschen geht. Gegensätze zwischen Mann und Frau, in Neigungen oder auch in Körperdispositionen kann man noch als *natürlich* gelten lassen. Es gibt nun mal Frühaufsteher und Morgenmuffel, Tag- und Nachtmenschen, korpulente Körper im Gegensatz zu drahtigen, schlanken und so weiter. Spätestens bei Herz, Kreislauf und Atem jedoch gilt es als Allgemeinwissen, daß sie bei allen Menschen auf dieselbe Weise funktionieren. Schließlich hat die Natur alle Menschen gleich geschaffen … oder?

So wird verständlich, daß der Polaritätsgedanke im Hinblick auf Atem und Stimme in unseren Seminaren immer wieder auf Skepsis stieß. Da wir in unserer Arbeit jedoch immer davon ausgehen, daß der Körper – und erst recht die Stimme – nicht lügt, konnten wir nur auf die natürliche Beurteilungsinstanz in jedem Menschen selbst verweisen. Spätestens damit waren die Seminarteilnehmer auf den Weg der Neugier gebracht. Sie wollten wissen, sehen und vor allem fühlen und an der Stimme hören, ob und wie sich dieses Polaritätsprinzip an ihnen bestätigen würde, oder ob vielleicht gerade sie die Ausnahme von der Regel seien.

Bevor wir uns den eigentlichen Wesensmerkmalen der Typenpolarität zuwenden, möchten wir Sie, unsere Leserinnen und Leser, bitten, einen Blick in die Schublade *Ihrer* Gewohnheiten zu werfen: Wie atmen Sie, wenn Sie ein fest verschlossenes Gurkenglas öffnen wollen? Atmen Sie, um Ihre Kraft zu verstärken, *ein* oder *aus?*

Nun, allein diese Frage hat schon so manchen verwirrt, sei es, weil der eine (Lunare) es natürlich findet, dabei einzuatmen (»Wie soll 'man' wohl sonst Kraft mobilisieren?«), oder weil es für den anderen (Solaren) ganz selbstverständlich ist, dabei auszuatmen (»Was soll ich mit einem vollgepumpten Brustkorb? Der behindert doch nur!«). *Natürlich* schließt man von sich auf andere. Erst das Aufwerfen dieser Frage läßt uns *bewußt* hinschauen und vielleicht überrascht wahrnehmen, daß noch eine zweite Möglichkeit – das Gegenteil nämlich – *natürlich* sein kann. So ähnlich könnte es uns auch bei anderen Aktivitäten gehen, etwa beim Treppensteigen, beim Kistenschleppen oder auch bei sportlichen Betätigungen! Mit welcher Kraft tun wir dies, mit der des Einatmens oder mit der des Ausatmens?

Schauen wir in diesem Sinne weiter, so werden wir feststellen: Was zunächst so aussieht, als würde es alles Bestehende umkrempeln, ist in Wirklichkeit nichts anderes als ein *bewußter Umgang* mit ohnehin bestehenden Gegensatzpaaren: Einatmen/Ausatmen; Aktivität/Passivität; Expansion/Kontraktion, Spannung/Entspannung. Untersuchen wir diese Gegensatzpaare nun beim Atemgeschehen selbst.

Die Notwendigkeit zum Einatmen und Ausatmen ist wohl jedem Menschen im Bewußtsein, und sie ist für alle gleichermaßen gültig. Beziehen wir jedoch Aktivität und Passivität in den Atemvorgang mit ein, so gestaltet sich das Unternehmen *Atmen* bereits hier als differenziertes rhythmisches Geschehen.

> Eine kleine Übung am Rande: Hören Sie einmal genau hin, in welcher Art und Weise der Atemvorgang bei Ihnen selbst und bei den Menschen in Ihrer Umgebung vor sich geht. Es könnte sich zeigen, daß die Atmung entweder in *ziehender* oder in *schiebender* Manier abläuft. Ziehend ist die Atmung immer dann, wenn die Einatmung betont (aktiv) ist, und schiebend ist sie, wenn die Ausatmung betont (aktiv) ist.
>
> Noch besser läßt sich dieses Phänomen an schlafenden Menschen

beobachten oder besser »erhören«, weil der Atem im Schlaf nicht beeinflußt wird.
Achten Sie also einmal darauf, wie sich Ihr Partner/Ihre Partnerin oder Ihr Kind im Schlaf bezüglich der Ein- und Ausatmungsphasen verhält. Welche Phase ist aktiv, welche passiv? Ist der Atem ziehend oder schiebend?
Darüber hinaus ist es interessant, diese Vorgänge bei Tieren zu beobachten. Erstaunlicherweise verhält es sich hier genauso.

Hören Sie einen rhythmisch ziehenden Atem, so beobachten Sie gerade einen Einatmerrhythmus. Auf die aktive Phase der Einatmung folgt die passive Phase der Ausatmung. Umgekehrt erkennen wir an einem schiebenden Atem den Ausatmerrhythmus. Der aktiven Phase der Ausatmung folgt die passive Phase der Einatmung. Auch wenn wir bereits mit diesen Beobachtungen typengemäßes Atmen beschreiben können, kehren wir noch einmal zur Situation des Schlafes zurück, denn hier haben wir darüber hinaus die Möglichkeit, die Bedeutung der Schlaf*lage* für unsere Atmung zu verstehen.

Betrachten wir als erstes die Auswirkung der Bauchlage. Je länger wir sie einnehmen, desto deutlicher wird fühlbar: *Die Bauchlage erleichtert und verstärkt die Kraft der Ausatmung.* Denn Schwerkraft in Verbindung mit dem Körpergewicht bewirkt, ja erzwingt geradezu ein immer wiederkehrendes Verengen, eine Kontraktion des Brustkorbes. Drehen wir uns dagegen auf den Rücken und lassen die Beine ausgestreckt liegen, schafft diese Lage Raum und Bedürfnis für freies Heben und Weiten, für die Expansion des Brustkorbes. *Die Kraft der Einatmung kann in Rückenlage am besten wirken.*

Damit haben wir zwei weitere zentrale Gegensätze benannt, die hier wirksam sind: Die *Kontraktion* ist die für die aktive Ausatmung wesentliche Kraft und die *Expansion* die für die aktive Einatmung zuständige. Aus diesen Beobachtungen können wir zwei gegenrhythmisch funktionierende Atemkreisläufe, also *Atemtypen* konstatieren:

Der *Einatmer* atmet aktiv ein. Gemäß dem Expansionsprinzip hebt und weitet sich dabei sein gesamter Brustkorb. Anschließend erfolgt die Ausatmung passiv, also ohne willentliche Einbeziehung der für die Ausatmung zuständigen Muskulatur.

Der *Ausatmer* atmet aktiv aus. Gemäß dem Kontraktionsprinzip verengt sich dabei sein gesamter Brustkorb. Anschließend erfolgt die Einatmung passiv, also ohne willentlichen Einsatz der für die Einatmung zuständigen Muskulatur.

Zusammenfassend können wir sagen:

Für den Einatmer ist die aktiv führende Kraft das Einatmen und die passiv folgende das Ausatmen. Für den Ausatmer ist die aktiv führende Kraft das Ausatmen und die passiv folgende das Einatmen.

Dem vorherrschenden Prinzip der körperlichen Aktion entsprechend wird der Einatmer auch *Dehnungstyp* und der Ausatmer auch *Verengungstyp* genannt.

An dieser Stelle liegt die Vermutung durchaus nahe, daß es ganz natürlich sein könnte, diese Atemrhythmen zu wechseln, so wie man die gewohnte Sitzhaltung oder Schlaflage verändert, um einen »Ausgleich zu finden oder »Einseitigkeit« zu vermeiden: »Ich kann zwar auf dem Rücken entspannen, aber zum Einschlafen muß ich mich auf den Bauch legen« oder »Eigentlich atme ich viel lieber aus, aber manchmal *muß* ich einfach ganz tief einatmen.«

Auch die Sichtweise, daß doch gerade im Verbinden, im Integrieren dieser Gegensätze die Aufgabe liegen müsse, könnte diese Vermutung unterstützen. Sie begegnet uns immer wieder, besonders unter Atem- oder Stimmlehrern. Das Singen selbst sei doch schließlich ein ganzheitlicher, auf Einheit und Verbindung abzielender Prozeß, der nicht auf der Basis von »Einseitigkeiten« entstehen könne. Nun, der Meinung sind wir auch! Aber abgesehen von jeder theoretischen Überlegung zeigt unsere jahrelange praktische Erfahrung mit der Stimme etwas anderes: das genaue Gegenteil! Sie bestätigt auf verblüffende Weise, daß

die Natur für jeden Menschen nur einen dieser beiden Rhythmen vorgesehen hat, entweder den Einatem- oder den Ausatemrhythmus. Im Moment unserer Geburt manifestiert sich einer dieser beiden und durchdringt und begleitet unser ganzes Leben.

Respektieren und pflegen wir ihn, wird er sich auf unseren Organismus, also auf alle körperlichen und geistig-seelischen Funktionsabläufe förderlich auswirken. Mißachten wir ihn (ob bewußt oder unbewußt, spielt dabei keine Rolle), bewirken wir das Gegenteil: Unser Organismus wird beeinträchtigt.

So können wir sagen, daß für *Ausatmer* nur *aktives Ausatmen* kraftspendend ist. Bewußt eingesetzt erleichtert es jede körperliche Aktivität oder Anstrengung (Gurkenglas öffnen). Aktives Einatmen dagegen ist für Ausatmer kraftzehrend und ruft auf Dauer Erschöpfung und Funktionsschwächen hervor.

Für den *Einatmer* gilt genau das Gegenteil: Kraftspendend ist für ihn das *aktive Einatmen* und kraftzehrend das aktive Ausatmen. Folglich müßte er, unserem Gurkenglasbeispiel folgend, vor dem Öffnen einatmen. Wie schon weiter oben erwähnt, finden wir auch in anderen Bereichen des täglichen Lebens eine Korrespondenz von Atem und körperlicher Aktivität, denn die Frage ist und bleibt natürlich immer: *Wie kommt jemand an seine Kraft?*

Ein kleines Beispiel möge das verdeutlichen! Ein guter Bekannter von uns hatte in einem Gespräch über unsere Arbeit die Möglichkeit einer Existenz von Atemtypen zunächst vehement abgelehnt. Er ist als Kardiologe tätig und vertrat verständlicherweise die Ansicht, daß der Körper bei allen Menschen auf die gleiche Art und Weise funktioniere und man daher nicht einfach anfangen könne, Menschen nach ihrem Atem einzuteilen. Im Laufe des Gespräches erwähnte er jedoch, daß er während seiner Studienzeit Rudermannschaften trainiert hatte und ihm dabei folgendes Kuriosum begegnet war, das er sich nicht hatte erklären können. Es gab in den Booten (nehmen wir einen Achter) in der Regel immer einige Ruderer, die beim Ziehen der Ruder einatmeten, während andere beim Ziehen der Ruder ausatmeten. Er hätte das ja gern so stehen lassen, weil er nicht wußte, warum dieses Phänomen existierte. Das Problem war jedoch, daß eine solche »Mixtur« als Mannschaft nicht trainierbar war. Erst als er die Typen trennte – alle, die beim Ziehen einatmeten, in ein Boot und alle, die beim Ziehen ausatmeten, in ein anderes Boot – waren sie als Mannschaft trainierbar.

Es gibt also einen Zusammenhang zwischen Bewegungsabläufen beziehungsweise Körperhaltungen und der Atemstruktur. Auf die wesentlichen Merkmale in Verbindung mit dem Musizieren werden wir später ausführlich eingehen. Gesagt sei jedoch bereits an dieser Stelle, daß nicht nur eine bestimmte Art, den Atem zu führen, unsere Aktivitäten beeinflußt, sondern auch umgekehrt: Eine bestimmte Art der Aktivität oder Körperhaltung beeinflußt unseren Atem. Mit anderen Worten: *Es gibt körperliche Aktivitäten oder Positionen, die unsere typengemäße Atmung fördern, und es gibt körperliche Aktivitäten oder Positionen, die unsere typengemäße Atmung behindern.*

Doch nicht nur der Atemvorgang selbst ist von Bedeutung. Auch mit der Stimme zusammenwirkende Körperhaltungen und Bewegungsmuster zeigen sich typenpolar. Gerade hier hat unsere Arbeit immer wieder auf überraschende Weise gezeigt: *Je mehr wir diese Gegensätze herauskristallisieren, erkennen und kompromißlos trennen, desto klarer erleben Sängerinnen und Sänger eine Qualität von Ganzheit und Verbundenheit.* Manche sprechen auch von »Authentizität« oder »Kontakt zur inneren Quelle«.

Ja, dieser zu uns gehörige Atemtyp ist vergleichbar mit einem Freund oder einer Freundin. Er ist wie eine Matrix, die uns gleich einem energetischen Gewebe zum Zeitpunkt unserer Geburt einhüllt. Nur verlieren wir im Laufe unseres Lebens häufig den Kontakt zu unserem natürlichen Atemtyp. Dies geschieht auf verschiedenste Weise, sei es durch Nachahmung von Vorbildern, die dem Gegentyp angehören (hier stehen an erster Stelle die Eltern), sei es durch Krisen, seelische Verletzungen oder Krankheiten. Auslöser sind in der Regel Ereignisse oder Umstände, die nicht bewältigt werden konnten. Sie bereiten in vielen Fällen den Boden für Gewohnheiten, die gegen unseren »natürlichen« Typ sind. Manchmal läßt sich anhand von Erinnerungen herausfinden, wann beziehungsweise in welcher Lebenssituation beispielsweise ein Ausatmer beginnt, »lieber« auf dem Rücken zu schlafen, obwohl er doch als Kind immer auf dem Bauch gelegen hat. (Im Kapitel »Nehmen Sie Haltung an« werden wir noch näher darauf eingehen.) Wir beginnen *unbewußt,* den eigenen Typ zu meiden und die Haltung des »Gegentyps« zu bevorzugen.

Auf jeden Fall können wir diesen Kontakt wiederherstellen, wenn wir uns dessen bewußt werden und uns erneut mit unserem alten »Freund« verbinden. Oft bekommen wir zu hören: »Oh, so habe ich früher als Kind geatmet, ich kenne das damit verbundene Gefühl. Während meiner Ausbildung habe ich es mir dann mühsam abgewöhnt, denn es galt als falsch.« Wenn Kursteilnehmer erste Erfahrungen mit dieser neuen/alten Matrix gemacht haben, stellt sich bei vielen das Gefühl ein, *nach Hause zu kommen.* Dieses Gefühl des *Nach-Hause-Kommens* signalisiert uns, daß endlich die Instanz wieder geweckt wurde, die vielleicht schon lange »vergessen« oder an andere, »kompetentere« abgegeben worden war: die eigene innere Beurteilungsinstanz, die innere Stimme, die uns klar *fühlen* und *empfinden* läßt, ob wir mit unseren ganzen äußeren Anstrengungen *richtig* oder *falsch* liegen. Denn nur sie ist es, die letztlich überprüfen kann, welche Haltungen, Übungen etc. innere Stimmigkeit bewirken.

So wird eine neue, eine innere Sicherheit gewonnen, und manche Mühe fällt weg. Wenngleich vieles noch ungeübt ist, weil nicht zuletzt die körperliche Struktur (der gesamte Muskelapparat) noch auf gewohnte Funktionsabläufe eingestellt ist, wird doch sehr bald fühlbar, daß hier ein Potential verborgen liegt, welches sowohl das Singen (Instrumentalspiel) als auch das Leben anders gestaltbar macht.

Was hat unser Atemtyp mit unserer Geburt zu tun? Wie bereits ausgeführt, leben wir in einer Polaritätszone. Die Welt besteht aus Gegensätzen, und in diesem Spannungsfeld liegt auch ein dynamisches Prinzip. Dynamik ist Bewegung, ist Leben. Der Mensch lebt in Bewegung und durch sie. Muskeln, Stoffwechsel, Herz-Kreislaufsystem und nicht zuletzt die Atmung halten den Menschen in Schwung. Aber nicht nur der Mensch, die ganze belebte Materie orientiert sich am Pulsieren der Natur.

Erich Wilk erkannte eine Verbindung zwischen diesem Pulsieren und den Gestirnen Sonne und Mond. Er brachte die Sonne mit dem Prinzip *Kontraktion* in Verbindung und den Mond mit dem Prinzip *Expansion.* Unter dem Einfluß der Sonne zieht sich Materie zusammen, Flüssigkeit wird entzogen, es trocknet, dörrt. Unter dem Einfluß des Mondes dehnt sich Materie aus, Flüssigkeit kann zufließen, es wird bewässert, befruchtet. Manches daran dürfte uns nicht ganz unbekannt sein. Kennen wir doch den Zusammenhang zwischen dem Mond und der Veränderung des Wasserhaushaltes auf diesem Planeten, sprich Ebbe und Flut. Hebammen und Frauenärzte berichten, daß es bei Vollmond Babys hagelt. Und vor längerer Zeit hörten wir in einer Radiosendung, daß es unter Chirurgen als ein ungeschriebenes Gesetz gilt, bei Vollmond keine komplizierten Eingriffe vorzunehmen, da zu dieser Zeit die Gefahr eines relativ hohen Blutverlustes gegeben sei. Sicherlich können das nicht alle Chirurgen unterschreiben. Dennoch reicht es für einen Hinweis auf die erwähnten Zusammenhänge.

Da die kontraktiven und die expansiven Kräfte, hier vertreten durch Sonne und Mond, ständig wirken, also auch im Augenblick unserer Geburt, werden wir, genau wie alles andere, was lebt, von diesen Kräften beeinflußt – oder genauer von den Kräften, die sich hinter diesen Zyklen verbergen. Wir können uns das wie eine Art Initialimpuls vorstellen, der für die Aktivitäts- und Passivitätsphasen unserer Atmung bestimmend ist, und zwar unser ganzes Leben lang. Auf diesen Initialimpuls kommt es an. Haben wir beim Austritt aus dem Geburtskanal als erstes *eingeatmet,* uns *aktiv* den Raum *genommen* und somit den Brustkorb *gedehnt*? Oder haben die verengenden Kräfte des Geburtskanales uns zum *Nachgeben* gebracht, haben wir dadurch als erstes *ausgeatmet,* den Brustkorb *verengt*?

Die Art des »Initialimpulses« steht, so Wilk, in direkter Verbindung mit den Bewegungen von Sonne und Mond am Himmel. War zum Zeitpunkt der Geburt der Sonnenstand oder der Mondstand höher? Ist der Sonnenstand höher, wird die erste aktive Atmung eine Ausatmung sein. Ist der Mondstand höher, wird die Einatmung die erste aktive Atmung sein. In unseren Kursen begegnen uns immer wieder Mütter, die von den Geburten ihrer Kinder zu berichten wissen. So erfahren wir, daß Einatmerkinder häufig ihr erstes Lebenszeichen in einem zarten, kleinen Wimmern von sich geben, während Ausatmer die in die Lungen hineingefallene Luft heftig herausschreien. Inzwischen wissen wir auch, daß nicht nur der erste, sondern auch der letzte Atemzug im Leben diesem Gesetz folgt. So hörten wir aus Erfahrungen mit Sterbenden, daß – zumindest, wo ein Leben harmonisch beendet wurde – das Leben eines Ausatmers mit einem Ausatmen und das Leben eines Einatmers mit einem Einatmen geendet hat.

Schauen wir uns nun an, wie diese Verbindung zwischen Geburt und den Zyklen von Sonne und Mond zu erkennen ist. Ein kompletter Sonnenzyklus dauert ein ganzes Jahr. Zur Wintersonnenwende hat die Sonne ihre geringste Strahlkraft. Wollten wir es in Prozenten ausdrücken, müßten wir sagen: z.B. 22. Dezember = 1 Prozent Sonne. Anschließend nimmt sie pro Tag cirka 0,5 Prozent zu, kommt zu Frühlingsbeginn (z.B. am 21. März) auf 50 Prozent und erreicht zur Sommersonnenwende (z.B. am 21. Juni) ihren Höhepunkt mit 100 Prozent. Danach nimmt sie pro Tag wieder etwa 0,5 Prozent ab, erreicht zu Herbstbeginn (z. B. am 22. September) die 50 Prozent und mündet zur Wintersonnenwende wieder in die 1 Prozent.

Beim Mond finden wir einen kürzeren Zyklus. Dieser läuft ziemlich genau 28 Tage, und so kommen wir auf 13 Monde während eines Jahres (13 x 28 = 364 Tage). Beginnt hier der Zyklus bei Neumond mit 1 Prozent, so haben wir nach 7 Tagen schon 50 Prozent und nach 14 Tagen, bei Vollmond, 100 Prozent Strahlkraft. Anschließend nimmt auch der Mond wieder ab. Nach 7 Tagen ist er bei 50 Prozent, um seinen Zyklus nach weiteren 7 Tagen (jetzt insgesamt 28) wieder mit 1 Prozent vollendet zu haben.

Um dieses zyklische Geschehen auch grafisch zu veranschaulichen, gehen wir im nachfolgenden Diagramm *fiktiv* von einem Neumond an einem 21. März aus. Die Grafik soll lediglich ein Verständnis des eben Beschriebenen erleichtern. Sie erhebt keinen Anspruch auf Exaktheit, zumal sich aufgrund geringfügiger Verschiebungen über die Jahre hinweg eine Ausgangssituation, wie wir sie hier haben, erst nach 19 Jahren wiederholt.

In der Regel ändert sich die Dominanz zwischen Sonne und Mond im Laufe eines Monats mehrere Male und bestimmt somit das Vorherrschen der entsprechenden Prinzipien *Expansion und Kontraktion,* die wiederum den entsprechenden Atemtyp hervorbringen. Folgende

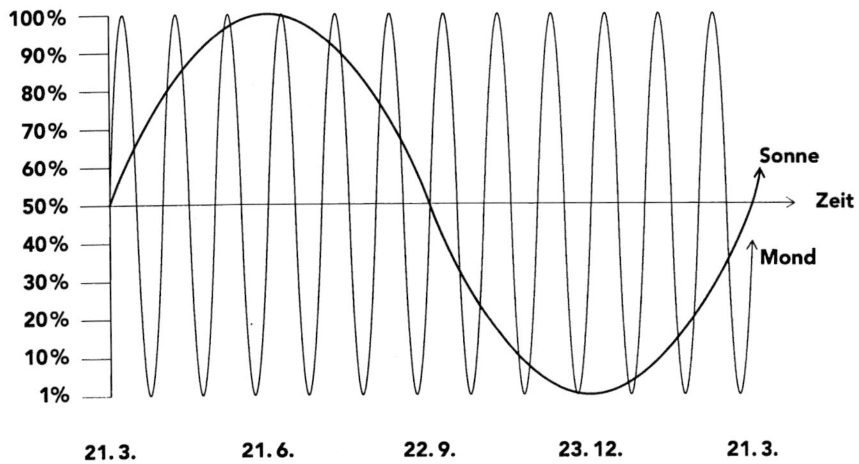

drei Beispiele sollen die Situation auch rechnerisch klarer werden lassen.

Beispiel 1: Geburtsdatum ist der 23. 4. 1953 (nördliche Hemisphäre). Für die Intensität der Sonne ergeben sich rechnerisch 68 Prozent. Der Mond war am 14. des Monats neu (1 Prozent), bzw. am 29. voll (100 Prozent). So ergibt sich rechnerisch für den 23. eine Intensität von 60 Prozent. Wir haben also 68 Prozent solaren Einfluß gegenüber 60 Prozent lunarem. Da der Überschuß größer ist als der Wert, den wir für einen Mondtag annehmen (nämlich 6,6 Prozent), handelt es sich hier um einen solaren Typ, also einen *Ausatmer.*

Beispiel 2: Nehmen wir das gleiche Geburtsdatum, jedoch für die südliche Hemisphäre. Da der Mond auf jeweils beiden Hemisphären zur gleichen Zeit voll bzw. neu ist, ergibt sich hier prozentuell die gleiche Situation, also 60 Prozent. Da allerdings die Jahreszeiten auf der nördlichen und der südlichen Halbkugel entgegengesetzt verlaufen, ergibt sich für die Sonne eine Intensität von 33 Prozent. Aus dem Strahlungsunterschied von 27 Prozent ergibt sich eine eindeutig lunare Situation. Hier haben wir bei gleichem Geburtsdatum einen *Einatmer.*

Beispiel 3: Geburtsdatum ist der 18. 9. 1965 (nördliche Hemisphäre). Für die Intensität der Sonne ergeben sich 52,5 Prozent. Sie würde am 21. 9. zur Tag/Nachtgleiche 50 Prozent erreichen. Der Mond befand sich in der Phase des Abnehmens. Er war am 11. 9. voll und am 25. 9. neu. Rechnerisch kommen wir auf einen lunaren Anteil von 54 Prozent. Hier haben wir einen Unterschied von lediglich 1,5 Prozent, also viel geringer als der Grenzwert 6,6 Prozent. So ergibt sich aus diesem Beispiel eine Situation, die zunächst einmal rechnerisch nicht eindeutig bestimmbar ist. In diesem Falle sprechen wir von einem *Fragezeichen-Typ.* Auf die spezifische Situation dieses Typen werden wir noch eingehen.

Um unseren Lesern die unter Umständen mühsame Situation des Ausrechnens zu ersparen, haben wir am Ende des Buches Tabellen beigefügt, mit denen sich der jeweilige Atemtyp sehr leicht und schnell bestimmen läßt. Die obigen Beispiele sollen das dahinterliegende rechnerische Prinzip verdeutlichen.

Wie der Atem, so der Typ

Steigen wir nun ein in die wesensmäßigen Unterschiede beider Typen und beschreiben als erstes deren Grundatemübung. Diese Übung ist als Einführung in den Rhythmus von Ein- und Ausatmung, von Spannung und Entspannung zu verstehen. Für beide Atemtypen wird die Übung im Liegen angeboten, und zwar in der für den jeweiligen Typ förderlichen *Dispositionslage.* Der Einatmer liegt also auf dem Rücken, der Ausatmer auf dem Bauch. Später ist diese Übung genauso im Sitzen und Stehen möglich. Auch wenn die Dispositionslage nicht jedem sofort entspannend bzw. bequem erscheint, ist es lohnend, sie dem Körper immer wieder anzubieten, weil sie auf Dauer die Haltung ist, die größte Entspannung verspricht.

Die aktiv geführte Ein- bzw. Ausatmung regt die Atmung an und sorgt dafür, daß die dafür vorgesehene Muskulatur in Spannung und Entspannung beweglich und funktionsfähig wird. Fälschlicherweise wird manchmal angenommen, man müsse nun immer so wie in dieser Übung atmen. Das empfehlen wir nicht! Es geht vielmehr darum, in Übungssituationen, d. h. dort, wo das Bewußtsein wach und auf Körpererfahrung eingestellt ist, den Atem zu *üben.* Außerhalb des Übens empfehlen wir, diesen Prozeß dem Körper selbst zu überlassen, also nicht weiter darauf zu achten. Sicherlich ist es ratsam, immer wieder bewußt *wahrzunehmen*, was sich im Körper und speziell im Atem abspielt, aber mehr, um die feinen Veränderungen zu registrieren, die sich mit zunehmendem Üben einstellen, als um den Körper dirigieren zu wollen. Erfahrungsgemäß führt das zu Enttäuschungen, zu Verkrampfungen und zu vielen alten Versagensgefühlen. »Noch nicht mal atmen kann ich!« Dennoch bleibt diese Erfahrung vielen nicht erspart, weil der Wille zur sofortigen Veränderung so übermächtig ist. In unserer Arbeit hat sich allerdings gerade im Hinblick auf persönliche Veränderung immer wieder gezeigt, daß es gut ist, den Körper selbst das Tempo und den Zeitpunkt hierfür finden zu lassen. Wir gehen davon aus, daß er »Umwälzungen« ahnt und auf sie zusteuert. Und es lohnt sich, diese behutsam, Schritt für Schritt, anzugehen.

Aktiv geführtes Einatmen – Der lunare Typ

Die Dispositionslage: Als Einatmer liegen Sie auf einer weichen Unterlage so entspannt wie derzeit möglich auf dem Rücken. Ihre Arme liegen gerade neben dem Körper, die Handflächen zeigen zum Boden. Die Beine liegen gerade auf der Unterlage und die Füße – soweit mög-

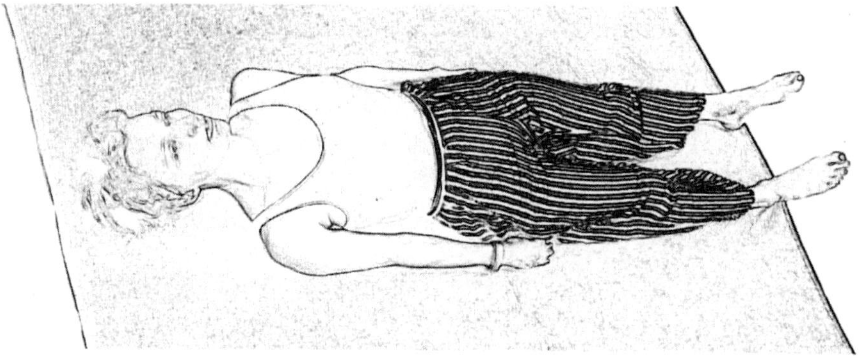

lich – parallel. Der Kopf liegt entspannt auf dem Hinterkopf, so daß das Kinn nach oben zeigt. Die Augen sind geöffnet. Wenn Sie sich in Ihrer Lage so weit wie möglich eingerichtet und Ihre momentane Verfassung im Körper wahrgenommen und akzeptiert haben, folgt der erste Teil der Übung, die *Funktionsübung.*

> Sie atmen hörbar tief durch die Nase, aktiv in den Brustkorb ein und halten dort einen Moment inne. (Achtung: Nicht innehalten durch »Abklemmen« im Hals, sondern durch »Weithalten« des Brustkorbes.) Dann lassen Sie die Luft bewußt passiv, d. h. unhörbar durch den leicht geöffneten Mund entweichen, um sofort (ohne Pause) wieder aktiv durch die Nase das nächste Einatmen anzuschließen.

Die für die Einatmung zuständige Muskulatur befindet sich im Bereich der Zwischenrippen *(Mm. intercostales externi, Mm. intercartilaginei).* Sie bewirkt, daß sich der gesamte Brustkorb während der Einatmung hebt. Die für die erste und die zweite Rippe zuständigen Treppenmuskeln *(Mm. scaleni)* können in ihrer Aktivität durch leichtes Zurücklegen des Kopfes (siehe Dispositionslage) verstärkt werden. So kann der gesamte Brustkorb expandieren, während der Bauch nach innen sinkt. In der passiven Phase der Ausatmung entspannt die Atemmuskulatur, und der Brustkorb findet in seine Ausgangsposition zurück. Die oben erwähnte Funktionsübung wird etwa *achtmal* wiederholt. Danach folgt die Positions- oder Halteübung, *einmal:*

> Sie atmen wieder aktiv und intensiv durch die Nase ein und halten die Luft im Brustkorb diesmal solange wie möglich an, etwa 20 Sekunden lang. (Achtung: Nicht innehalten durch »Abklemmen« im Hals, sondern durch »Weithalten« des Brustkorbes.) Anschließend entlassen Sie den Atem passiv durch den geöffneten Mund. Nach Beendigung dieses Zyklus folgt eine Phase der Entspannung, in der fühlbare Reaktionen wie Wärme, Fließen, angenehm wohliges Körpergefühl etc. registriert werden.

Zu den üblichen Anfangsschwierigkeiten gehört das passive Gehenlassen der Luft. Schon im Sprachgebrauch gibt es hier manchmal Mißverständnisse. Manche halten jedes Ausatmen an sich schon für passiv. Es ist also noch einmal zu betonen, daß jedes hörbare Geräusch beim Ausatmen (auch das leiseste Pusten) als ein Zeichen von Aktivität zu sehen und im Sinne der Übung zu vermeiden ist. Hilfreich ist anfangs ein etwas längeres Verweilen nach dem Einatmen, um wach zu sein für den Moment, in dem Aktivität zu Passivität wird. Die passive Qualität entsteht durch ein Nachgeben des Brustkorbs, bei dem ein Teil der beim Einatmen gewonnenen Energie auf wohlige Weise in den Körper hineinsinkt, während der übrige Teil aus dem leicht geöffneten Mund entweicht.

Eine weitere, damit einhergehende Anfangsschwierigkeit ist, daß der Bauch sich beim aktiven Einatmen statt nach innen aktiv mit nach außen wölbt – er ist gewöhnt, »mitzuatmen«, anstatt zu entspannen. Ein immer wieder bewußtes Weiten des Brustkorbs – auch ohne Atmung – kann helfen, diese für Einatmer unnötige Aktivität auszuschalten. Je genußreicher und aktiver, aber auch gewohnter die Dehnung des gesamten Brustkorbs wird, desto unwichtiger wird der Bauch dabei.

Hier liegt für die meisten, bereits in anderen Methoden geschulten Übenden die größte Herausforderung. Gilt doch »Bauchatmung« allgemein als akzeptiert, während die oben beschriebene Übung eher als

»pathologische Hochatmung« bezeichnet wird (auch von der Schulmedizin). Gehen wir jedoch von den praktischen Resultaten aus, so können wir feststellen, daß so übende Einatmer in der Regel schon nach kurzer Zeit wohltuende Entspannung, Leichtigkeit, Weite, Wachheit und Wärme empfinden. Dies wird unter Umständen sogar durch Entspannungsgeräusche im Bauch hörbar. (Man kennt den Zusammenhang zwischen allgemeiner Entspannung und angeregter Verdauungstätigkeit, der Peristaltik.)

Konzentrieren die Übenden bei mehrmaliger Wiederholung ihre Aufmerksamkeit immer ausschließlicher auf die aktive Einatmungsphase und überlassen das Ausatmen mehr und mehr dem Körper selbst, so bildet sich langsam ein Rhythmus heraus, der nur Einatmern eigen ist:

> Die Einatmung wird immer länger, immer wichtiger und die Ausatmung immer kürzer, immer unbedeutender. Dieser Rhythmus lebt von der Bewußtheit der im Brustkorb aufsteigenden Kraft, die nur einen Moment nachgibt (Ausatmung), um sich in der nächsten Einatmung sofort wieder zu erneuern, um wieder aufzusteigen, hin zum Verweilen in der Fülle des Brustkorbs.

Oft erfahren Einatmer hier, wie sehr sie an ihrer Gewohnheit zur Ausatmung orientiert sind. Sie empfinden das Einatmen vielfach geradezu als Anstrengung, die man möglichst schnell hinter sich bringt. Und erst recht liegt es dem Empfinden fern, nach der Einatmung eine Pause zu machen.

> Als Vorstellungsbrücke verwenden wir hier gern das Bild einer Wasserfontäne, die diese ständig aufsteigende, sich immer wieder natürlich ergänzende Kraft symbolisiert. Oben auf der Fontäne bildet sich durch das »Umkehren« des Wassers eine Art Plateau, auf der kleine Bällchen tanzen.

Dieses Bild kann Einatmern helfen, sich leichter von dem Gedanken an die aufstrebenden Kräfte leiten zu lassen. Dennoch, verlieren Sie nicht den Mut! Es darf durchaus einige Zeit dauern, bis sich das Gefühl von Anstrengung in Genuß und Leichtigkeit verwandelt. Geduld und ein bißchen Humor sind hilfreiche Begleiter in diesem Prozeß. Schließlich sind die alten »typenfremden« Gewohnheiten nicht von »gestern« und zudem mit zu vielem verbunden, als daß der bloße Beschluß, nun mal eben »richtig« zu atmen, sie sofort ändern könnte.[1] Stellt sich der »typgerechte« Rhythmus jedoch auf natürliche Weise wieder ein, so erlebt der Einatmer plötzlich eine enorme ihm eigene *Dynamik.*

Er ist in Bewegung, denn Bewegung ist sein Element.

Ist sein Brustkorb in Aktion, fühlt er sich leicht, wach und angeregt. *Dynamiker* wird er deswegen auch genannt. Je mehr er in Bewegung kommt, desto mehr findet er zu sich selbst, fühlt sich bei sich zu Hause. Ein lunarer Typ kommt über Bewegung an seine Energie und innere Ausgeglichenheit. Aus einem solaren Blickwinkel heraus kann diese Dynamik sehr leicht als Hektik gewertet werden. Allerdings ist es wichtig, zu verstehen und zu akzeptieren, daß es hier in keiner Weise um Hektik geht. Es ist Dynamik, es ist Bewegung, es ist seine Entscheidung zur Lebendigkeit. So entspricht es ohne weiteres dem Temperament des Einatmers, sich nach einem anstrengenden Arbeitstag eben *nicht hinzusetzen* und auszuruhen, sondern über diverse kleine Beschäftigungen zur Erholung seines Gemütes beizutragen. Und sollte es wirklich gar nichts mehr zu tun geben, geht er eben spazieren oder macht eine Runde auf dem Fahrrad. Was hier möglicherweise als Vereinfachung sehr komplexer Lebensvorgänge erscheint, hat in der Realität seine Berechtigung allein dadurch, daß es funktioniert.

Es gibt für einen Einatmer nämlich nichts schlimmeres als Statik. Diese wird von ihm als lähmend und langweilig empfunden. Über kurz oder lang schwindet seine Energie, er verliert seine Leichtigkeit, und in der Folge sind Dumpfheit, Lustlosigkeit und Depression vorhersehbar, etwas, das viele Einatmer aus ihrem eigenen Leben gut kennen: als *nicht in die Gänge kommen.* Wir haben immer wieder festellen können, daß bei vielen Lunaren eine Affinität zu dieser Form des Daseins besteht, von der sie genau wissen, daß sie ihnen nicht wirklich gut tut. Irgendwann haben wir das als den *Hang zum süßen Gift* bezeichnet. Und wenn Sie, verehrte Leser, es noch immer nicht glauben können, so brauchen Sie als lunarer Typ lediglich einmal die Atemübungen des solaren Typs zu machen, und ihr Körper wird verstehen, was wir mit süßem Gift meinen. Wenn Einatmer mit Aktivität (und sei sie auch noch so *gering*) beginnen, geschieht etwas mit ihnen. Wir können dieses Geschehen ohne weiteres mit dem Umlegen eines Schalters vergleichen. Dynamik hält Einzug in ihr Leben. Sie finden zu ihrer Energie und inneren Balance und dadurch aus der möglicherweise vorher als ausweglos angesehenen Misere.

Schauen wir unter diesem Aspekt wieder in den Gesang, so verwundert es nicht, daß es so manche – gerade professionelle – lunare Sängerinnen und Sänger gibt, die die Opernbühne dem Konzertsaal vorziehen. Und dies nicht unbedingt aus musikalischen Gründen, sondern weil sie in Spielaktion ihrer Dynamik viel eher stimmlichen Ausdruck verleihen können als im Konzertsaal. Auch musikalisch und stimmtechnisch schwierige Passagen erledigen sich für sie in Bewegung viel leichter als im Vortragsstand. Aber auch im Konzertsaal sieht man durchaus körperbewegte Musik, und dies nicht nur bei den Sängern. Ein berühmtes Beispiel für eine lunare Cellistin, die mit großer Körperdynamik unübertroffen musizierte, war Jacqueline du` Pré. Cello-Meister Pablo Casals hörte ihrem Spiel ergriffen zu und antwortete auf die Frage eines Schülers, ob sie sich nicht ein bißchen zu viel bewege: »Oh, mir gefällt das – sie bewegt sich mit der Musik.«[2] Ein anderes Beispiel für einen lunaren Musiker war Leonhard Bernstein. Ihn sich ruhig am Klavier sitzend oder am Dirigentenpult stehend vorzustellen, wäre undenkbar gewesen.[3] Seine verbalen Bewegtheiten und Zweideutigkeiten würzten so manche Orchesterprobe.

Aktiv geführtes Ausatmen – Der solare Typ

Die Dispositionslage: Wie schon erwähnt, liegen Sie als Ausatmer auf dem Bauch. Die Arme legen Sie in einem spitzen Winkel vom Körper weg, den Kopf haben Sie auf die linke Seite gedreht, d. h. Sie schauen nach rechts. Die Fersen liegen, wenn möglich, einander zugewandt. Die Augen sind offen. Von dieser Lage abgesehen läßt sich die Atemübung später auch im Sitzen oder Stehen ausführen. Vielleicht empfinden Sie die Position von Hals und Nacken anfangs als nicht sonderlich bequem, besonders bei längerem Liegen. Gleiches gilt auch für

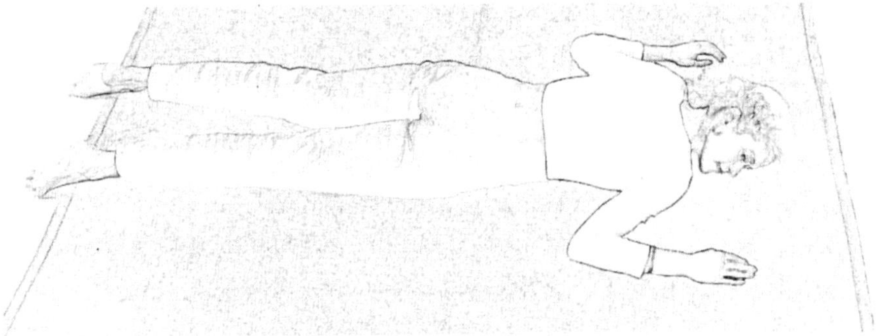

die Fußhaltung. Mit wiederholtem Üben wird sich jedoch in der Regel Erleichterung einstellen, vorausgesetzt es sind keine Wirbel- oder Gelenkschäden vorhanden. Haben Sie sich in diese Lage eingewöhnt, weitestgehend entspannt und den augenblicklichen Zustand Ihres Körpers wahrgenommen und akzeptiert, folgt die Funktionsübung.

> Sie führen den Atem aktiv, aber dennoch weich durch die Nase hinaus. Ihr Ziel ist die Ruhe am Ende dieser Phase. (Achtung: Die Ausatmung soll in keinem Fall gestoßen werden, sondern weich beginnen und allmählich intensiver werden.) Im Anschluß an eine kleine Pause lassen Sie neue Luft leicht und passiv (d. h. ohne jegliches Einatmungsgeräusch) durch den geöffneten Mund einströmen. Danach wird sofort wieder aktiv führend durch die Nase ausgeatmet.

Die für die Ausatmung mobilisierte Muskulatur finden wir sowohl in der Zwischenrippenregion (*Mm. intercostales interni*, *Mm. subcostales*) als auch in den vom Brustkorb absteigenden hinteren Flankenmuskeln (*M. serratus posterior inferior* im Verbund mit dem tiefen Blatt der *Fascia thoracolumbalis*), die ihren Ursprung in der Region des 1. bis 3. Lendenwirbels sowie des 12. Brustwirbels haben. Von hier geht die Kraft aus, die die Rippen (12. bis 9. Rippe) nach unten zieht und schließlich den gesamten Brustkorb bei der Ausatmung kontrahiert.[4] In der passiven Phase der Einatmung entspannt die Muskulatur, und der Brustkorb findet in seine Ausgangsposition zurück. Die oben erwähnte Funktionsübung wird etwa *achtmal* wiederholt. Danach folgt die Positions- oder Halteübung, *einmal:*

Sie atmen wieder weich beginnend und dann intensiver werdend durch die Nase aus und verharren in diesem völlig »entleerten« Zustand etwa 20 Sekunden lang. (Achtung: Die Ausatmung soll in keinem Fall gestoßen werden.) Anschließend lassen Sie den Atem wieder passiv durch den geöffneten Mund herein. Nach Beendigung dieses Zyklus folgt eine Phase der Entspannung, in der fühlbare Reaktionen wie Wärme, Fließen, angenehm wohliges Körpergefühl etc. registriert werden.

Natürlich gibt es auch hier die typischen Anfangsschwierigkeiten. Vielen fällt es nicht leicht, die Ausatmung in der gewünschten Weise zu führen. Ihre Kraft erscheint ihnen »zu klein« und der passiv einfließende Atem zu gering, um auf das aktive Einholen von Luft verzichten zu können. Eine entsprechende Aussage ist: »Wenn ich nur soviel Atem hereinlasse, wie von allein kommt, dann kriege ich zuwenig.« Es fällt anfangs schwer, die Aufmerksamkeit von der Einatmung wegzulenken, da sie in der Vorstellung als das eigentliche Ziel der ganzen Sache angesehen wird. »Ich muß doch schließlich einatmen!« »Wie soll ich sonst mit meinen Atemproblemen umgehen?« Dahinter steht im wesentlichen die Angst, nicht genug zu bekommen, und das fixiert zwangsläufig auf die Einatmung. Die Crux der Sache ist jedoch, daß das Problem nicht durch Einatmen, sondern durch Ausatmen gelöst wird. Wenn sich die Übenden in Gedanken wie im Körper Zeit nehmen, zur Ruhe finden, können sie die Qualität des Ausruhens auch im Ausatmen immer leichter entdecken. Allmählich gestaltet sich ein Rhythmus, eine *Ausrichtung*, die nur Ausatmern eigen ist:

Je mehr sie das Gefühl haben, Luft zu brauchen, desto mehr – also länger und ruhiger – atmen sie aus. Die damit verbundene Richtung lebt von der Bewußtheit der im Brustkorb sich verengenden Kraft. Wenn sie sich in dieser Richtung auf die Ruhe (Atempause) zubewegen, können sie aus der Ruhe schöpfen. Dann wird ihnen das Einatmen in optimaler Qualität und ebenso ausreichend geschenkt.

Eine in dieser Hinsicht sehr typische Lehrmeinung vertrat einmal der Bassist Phillip Langshaw: »Ich bringe meinen Schülern bei, nie wieder einzuatmen!« Mit einer solchen Entdeckung kann die Ausatmung auf immer sanftere Weise intensiver und gleichzeitig länger gestaltet werden. Das Vertrauen wächst, daß sich der Atem tatsächlich auf passive Weise erneuert, weil der Körper gerade soviel hineinläßt, wie er wirklich braucht. Mit zunehmendem Üben stellen Ausatmer fest, daß es erstaunlich wenig ist, was ihr Körper braucht. Gemäß ihrer alten Gewohnheit haben sie sich viel zuviel genommen, was sie letztlich nur belastet und zu vielen Verspannungen geführt hat. Und diese Verspannungen haben ihnen schon zu lange zu schaffen gemacht – im Körper wie auch in der Stimme. Findet ein Ausatmer jedoch allmählich zur ausschließlichen Aufmerksamkeit für das Ausatmen und kann das Einatmen (auch gedanklich) immer mehr aus seinem Vokabular streichen, dann gilt für ihn:

Er findet in die Ruhe, denn Ruhe ist sein Element.

Ist sein Brustkorb ruhig, fühlt er sich zentriert, stabil und kraftvoll. *Statiker* wird er deswegen auch genannt. Je mehr er in die Ruhe kommt, desto mehr findet er zu sich selbst, fühlt er sich bei sich zu Hause. Ausatmer sind ihrem Potential nach die ruhenden Pole im menschlichen Getümmel. Von einem lunaren Standpunkt aus betrachtet, können einem diese »Langweiler« manchmal ganz schön auf die Nerven gehen, denn bis die mal soweit sind, ist ja schon alles vorbei. Doch das wird ihnen nicht gerecht, denn ihre Ruhe ist durchaus nicht mit Langeweile zu verwechseln. Ruhe ist gewissermaßen die Basis für ihr Tun, und sie können sehr aktiv sein, wenn sie in ihrem Element bleiben. Natürlich kennt auch der solare Typ das Getrenntsein von seiner Quelle, den Zustand, wo er ungehalten, mürrisch aufgebracht und hektisch wird. *Außer sich Sein* ist die ziemlich exakte Beschreibung dessen, was ein solarer Typ in einer solchen Situation erfährt. Er ist überdreht, hat unter Umständen ellenlange Listen von Dingen, die noch zu erledigen sind, aber *er kriegt es nicht geregelt*, verzettelt sich in alle Richtungen und bringt kaum etwas zu Ende. Auch Ausatmer brauchen lediglich die Übung des lunaren Typen zu machen, wenn sie genau verstehen wollen, was wir meinen. Wenn die innere Spirale des Ausatmers so hochgedreht ist, daß es nicht mehr weitergeht, kommt es in der einen oder anderen Form zu einer Explosion. Es wird Dampf abgelassen oder ausgeatmet, und über die dadurch mögliche »Entladung« findet der solare Typ wieder zu sich selbst. Seine Kräfte sammeln sich, und er kann wieder zu den Dingen übergehen, die er *eigentlich* zu tun hat, diesmal gelassen und entspannt.

Schauen wir auch hier wieder in den Gesang, so läßt sich aus dem statischen Prinzip vielleicht eine Vorliebe für Lied und Oratorium ableiten. Ruhige Präsenz ist ein wesentliches Merkmal solarer Typen, und stimmlich schwierige Passagen meistern sie so viel leichter. Dietrich Fischer-Dieskau formulierte dieses Phänomen bereits als Sechzehnjähriger äußerst zutreffend: »Ich spürte, daß sich meine Stimme in schönen Klang setzte.«[5] Ein weiteres typisches Beispiel für solares Musizieren ist Herbert von Karajan. Sein Charisma, seine klare Schlagrichtung und seine gradlinige Auffassung der musikalischen Werke verhalfen ihm zu Weltruhm. Auch die Tatsache, daß Karajan jahrelang Zenmeditation praktizierte, entspricht dem solaren Prinzip. Erholung des Gemüts durch Ruhe – in diesem Falle als eine Form der geistigen Disziplin und Sammlung.

Einige technische Details

Atemvolumen: Die Lunge wird beim Ausatmen nicht vollständig entleert und beim Einatmen nicht maximal gefüllt. Bei normaler Atmung atmen wir nur etwa 0,5 Liter Luft ein und aus (*Respirationsluft* oder normales Atemvolumen).

Wenn wir maximal einatmen, können wir weitere 1,5 bis 2 Liter Luft aufnehmen (*inspiratorische Reserveluft*). Atmen wir dagegen vollständig aus, so können wir zusätzlich zur Respirationsluft 1,5 bis 2 Liter ausatmen (*expiratorische Reserveluft*). Was auch nach tiefster Ausatmung in der Lunge zurückbleibt, sind etwa 1,2 Liter Restluft (*Residualluft*).

Vitalkapazität (maximales Atemvolumen): Wir verstehen darunter das Volumen Luft, das wir nach tiefster Einatmung vollständig ausatmen können, also die Summe aus Respirationsluft, inspiratorischem Reservevolumen und expiratorischem Reservevolumen. Eine normale Vitalkapazität beträgt 3,5 bis 6 Liter. Gute Sportler und gute Sänger haben eine beträchtliche Vitalkapazität.

Diese Informationen nach Faller[6] geben uns Auskunft über mögliche Brustkorbleistungen (angegeben in Atemvolumen) in der Atmung. Seine Angaben hinsichtlich der Vitalkapazität zeigen, daß die Werte einerseits von der jeweiligen Konstitution abhängig sind: großer Brustkorb = viel Luft; kleiner Brustkorb = wenig Luft. Andererseits finden wir auch Hinweise darauf, daß die Kapazitäten durchaus erweiterbar sind.

Doch weil wir beim Training immer darauf achten müssen, die Aktiv-Passiv-Verhältnisse nicht zu stören oder zu verdrehen, damit der Atemrhythmus nicht gestört wird, können wir (gesundheitsfördernd) nur die jeweils aktive Phase trainieren. Die passive Seite resuliert, eben passiv.

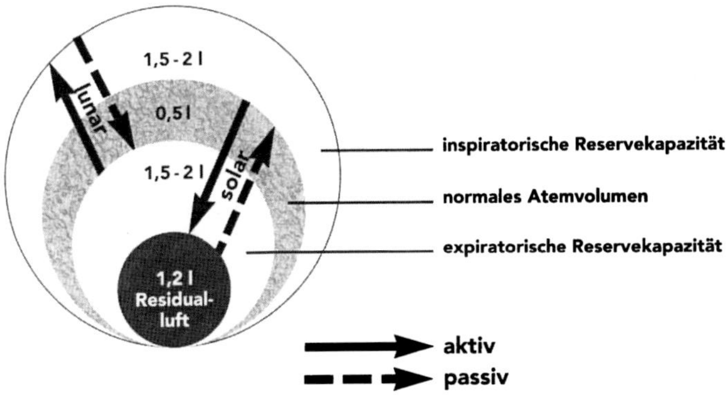

Wir können also davon ausgehen, daß ein Ausatmer ein Training zur *Erweiterung seiner expiratorischen Reservekapazität* brauchen kann. Ein Einatmer hingegen wird von einem Training zur *Erweiterung seiner inspiratorischen Reservekapazität* profitieren.

Aus einem Training, das den typenspezifischen Aktiv-Passiv-Rhythmus berücksichtigt, ergibt sich zwangsläufig eine gesunde Erweiterung der Vitalkapazitäten, da diese mit den formgebenden Kräften der Natur korrespondiert. In diesem Sinne können für einen Ausatmer alle Atemübungen herangezogen werden, die die Ausatmung als den aktiven Part seiner Atmung fördern; und für den Einatmer können alle Atemübungen herangezogen werden, die die Einatmung als den aktiven Part seiner Atmung fördern.

Gut gestützt ist halb gewonnen

Folgende Szene könnte auch frei erfunden sein, jede Ähnlichkeit mit lebenden Personen wäre dann rein zufällig.

Wir befinden uns in der Stimmbildungsklasse einer renommierten deutschsprachigen Musikhochschule. Anwesend sind der Professor und einige Studenten, darunter ein Studienanfänger.
Professor: Als Basis für sämtliche technische Übungen, sowie für das Singen überhaupt sollten wir uns immer einer guten Stütze bedienen. Und damit Sie auch wissen, was ich meine, möchte ich es Ihnen gleich einmal praktisch demonstrieren.
Der Professor stellt sich vor seine Studenten und klatscht mit der flachen Hand auf seine gespannte Bauchmuskulatur.
Professor *sonor*: Eine gut gestützte Stimme ist immer eine Frage der Kondition.
zum Studienanfänger: Herr Kollege, darf ich Sie bitten, mir behilflich zu sein?!
Der Neuling begibt sich ebenfalls vor die Gruppe.
Professor: Um mit einer gut gestützten Stimme singen zu können, ist es selbstverständlich, daß der Bauch während des Singens fest zu bleiben hat. Verstehen Sie? Es darf sich absolut nichts rühren!
Nicken im Raum.
Professor *weiter*: Selbst einem Schlag darf die Bauchmuskulatur nicht nachgeben, da wir sonst nicht von Stütze reden können.
Nicken im Raum.
zu seinem Assistenten: Und nun bitte ich Sie,während ich einen Ton singe, mir mit der Faust in den Bauch zu hauen ... Achtung ... Nooh ... (*singt*)
Während der Professor mit der Phonation beschäftigt ist, tupft der Student halbherzig und vorsichtig den Bauch seines Lehrers an.
Professor: Nein, Nein. Sie müssen schon fester zuschlagen. So können wir hier gar nichts demonstrieren. Also noch einmal ... Achtung ... Nooh (*singt wieder*)
Der Student faßt sich ein Herz und langt dieses Mal etwas kräftiger zu.

Professor *souverän*: Aber Herr Kollege, ich bitte Sie, soll das etwa ein Schlag gewesen sein? Also, Sie haben meine ausdrückliche Erlaubnis hierhin (*klatscht sich wieder auf den Bauch*) zu schlagen, und zwar kräftig.

Nicken im Raum

Professor: Also versuchen wir's halt noch einmal! Und ... Noooh ... (*singt*)

Dieses Mal faßt der Student seinen gesamten Mut zusammen, nimmt einige Schritte Anlauf und schlägt seinem singenden Vorbild mit aller Kraft in den Bauch ... Rumms ... *Das Singen reißt jählings ab, der Professor geht in die Knie und ringt mit nach vorn gebeugtem Oberkörper zwei Minuten lang nach Luft.*

Nicken im Raum

Wir hoffen, daß Sie sich ebenso amüsiert haben wie wir, als wir diese Geschichte gehört haben. Was hier wie eine Slapsticknummer anmutet, wie Humor aus der untersten Lade, ist in Wirklichkeit – man höre und staune – Unterricht in Stimmbildung auf Hochschulebene. Anscheinend gibt es immer noch Leute, die im Pressen des Bauches eine Möglichkeit sehen, die Stütze zur Anwendung zu bringen. Noch nicht einmal bei der Defäkation (Stuhlentleerung) wird die Bauchpresse von Medizinern empfohlen. Wie kann also davon ausgegangen werden, daß sie für das Singen von Nutzen sei?

Die Stütze, auch Zwerchfellstütze oder Stimmstütze genannt, ist wohl eines der zentralen Themen im Stimmbildungsbereich. Man spricht von gut gestützter Stimme und meint damit eine laute, durchdringende, leicht dramatisch klingende Stimme. Durch ihr abgedunkeltes Timbre unterscheidet sie sich klar von einer Laienstimme. Lange Zeit galt die Stütze als das Markenzeichen einer gut ausgebildeten Singstimme. Sogar Schauspieler übten sich stützend in einem (manchmal etwas schneidend) überzeugenden Brustton. Schauspieler müssen gestützt sprechen, so meinte man, damit sie in den Theatern deutlich zu verstehen sind. Das ist grundsätzlich natürlich sehr löblich. Das Dumme ist nur, daß die Stimmen vor lauter Stützen kaputtgehen können. Und leider passiert das viel zu oft.

Um zu verstehen, was mit *Stütze* gemeint ist und wie sie angewendet werden kann, ohne daß die Stimme Schaden nimmt, müssen wir etwas näher auf die Hintergründe bzw. Ursprünge dieses Begriffes eingehen. *Appoggiare la Voce* oder *Appoggio* sind Begriffe aus der Methodik der italienischen Gesangsschulen, die im wesentlichen das Ansetzen mit der Stimme, den sogenannten Stimmansatz beschreiben. Schauen wir im Wörterbuch nach, so finden wir unter *appoggiarsi* »sich anlehnen« als Übersetzung. Während wir *anlehnen* grundsätzlich als etwas Leichtes, Elegantes ansehen, bringen wir *stützen* doch eher mit Kraftaufwand, eventuell sogar mit *pressen* in Verbindung. Und so liegt bereits im unterschiedlichen Verständnis des *appoggio* der Keim einer unterschiedlichen praktischen Umsetzung.

Da wir die Erfahrung gemacht haben, daß viele unter Stütze wirklich nur eine Art Bauchpresse verstehen, haben wir uns entschlossen, die Stütze in unserer Arbeit für unbrauchbar und absolut nicht zielführend zu erklären. Ein Pressen der Bauchmuskulatur hat nach unseren Erfahrungen die Konsequenz einer zu hohen Drucksituation auf Glottisebene.[1] Dies führt über kurz oder lang zu einer Überbeanspruchung der Stimme. Ein Anlehnen mit der Stimme erscheint uns grundsätzlich weniger gewalttätig, weil stimmlich weniger gekämpft wird. Wir haben in den vergangenen Jahren viel mit diesem Prinzip experimentiert und hinsichtlich des Stimmansatzes festgestellt, daß anlehnen nicht gleich anlehnen ist, und daß es unter Einbeziehung der Atemtypen auch hier sehr unterschiedliche, ja gegensätzliche Möglichkeiten gibt, das *Appoggio* zu verwirklichen. Diese Verfahren wollen wir hier erläutern.

Das solare Appoggio

Beim solaren Typ herrschen, wie wir bereits erklärt haben, die den Brustkorb verengenden Kräfte vor. Aus dieser Situation folgt, daß die Stimmführung oder auch nur der Stimmansatz ganz direkt mit der aktiven Verengung des Brustkorbes während der Ausatmung einhergeht. Appoggio in der solaren Version bedeutet mit anderen Worten: *ein Anlehnen mit der Stimme an die expiratorische Tendenz des Brustkorbes.* Hier sind Stimme und *aktives* Ausatmen ganz direkt miteinander verbunden. Man kann sich sogar im Hinblick auf Stimmansatzübungen vorstellen, daß die Stimme nicht nur im Ansatz selbst weich *ange-*

haucht wird, sondern während des gesamten Tones von Luft umhüllt bleibt.[2] Unserer Erfahrung nach schafft das einen gewissen Schutz für die Stimme. Besonders in Extremlagen, wo man geneigt ist, im Hinblick auf das Erreichen des gewünschten Zieles leicht mal ein bißchen nachzulegen, also die Stimm-Muskulatur übermäßig zu strapazieren, wird über diese Art des *Appoggio* eine gute Ausgleichsfunktion erreicht.

Da wir trotz aller vielleicht auch komplizierten theoretischen Erläuterungen den Wunsch haben, unseren Lesern und Leserinnen einen möglichst leichten praktischen Zugang zu diesem Thema zu verschaffen, sei hier eine kleine, aber sehr wirkungsvolle Übung für den Stimmansatz angeführt.

> Stellen Sie sich vor, daß Sie am Ende eines langen und anstregenden Arbeitstages nach Hause kommen, die Tür hinter sich schließen, sich in ihren Lieblingssessel fallen lassen und mit einem langen pustenden Seufzer den Tag von sich abfließen lassen ... Mit jedem erneuten Seufzer haben Sie daß Gefühl, etwas mehr loszulassen, sich zu entspannen und dabei gleichzeitig wieder mehr zu sich zu kommen. Nach einigen Minuten wiederholten Seufzens und damit verbundenem innerem Loslassen werden Sie eine Veränderung in ihrem Befinden feststellen können. Der Abend kann beginnen!

Das lunare Appoggio

Beim lunaren Typ herrschen, wie wir bereits erklärt haben, die den Brustkorb weitenden Kräfte vor. Aus dieser Situation folgt, daß die Stimmführung oder auch nur der Stimmansatz direkt mit der aktiven Dehnung des Brustkorbes während Ausatmung einhergeht. Appoggio in der lunaren Version bedeutet mit anderen Worten: *ein Anlehnen mit der Stimme an die inspiratorische Tendenz des Brustkorbes.* Hier sind Stimme und Ausatmen direkt miteinander verbunden. Das dehnende Prinzip des Brustkorbes, das wir bisher vielleicht lediglich in der Einatmungsphase erfahren konnten, wird hier während des gesamten Phonationsvorganges aufrecht erhalten. Dieses Prinzip ist manchmal etwas schwer vorstellbar, und wir machen immer wieder die Erfahrung, daß unsere Schüler zunächst glauben, sie sollten die Töne während des Einatmens produzieren. Das ist nicht gemeint! Natürlich werden die Töne in der Ausatmungsphase produziert.[3] Jedoch wird in gewissem Sinne der natürlichen Tendenz des Brustkorbes, die darin besteht, während der Ausatmung zusammenzufallen, entgegengewirkt. Durch das Entgegenwirken (also durch die Dehnungsbewegung des Brustkorbes) kann der Gefahr eines zu hohen *subglottischen Luftdrucks*[4] vorgebeugt werden. Über die so stattfindende Regulierung des Atemdruckes wird einem Überstrapazieren der Stimmuskulatur vorgebeugt.Auch hier soll an einem Übungsbeispiel veranschaulicht werden, was wir meinen.

> Stellen Sie sich vor, daß Sie am Ende eines langen und anstregenden Arbeitstages nach Hause kommen, und in dem Moment, in dem Sie Ihre Wohnungstür öffnen, strömen die herrlichsten Düfte von Kräutern und Gewürzen in Ihre Nase. Ihr Partner, Ihre Freundin, Ihr Gatte, Ihr Liebhaber oder Ihre Kinder haben für Sie gekocht ... Ihre spontane Reaktion auf diese unerwartete Situation wird sicherlich eine Art Schnüffeln sein, Sie saugen diese herrlichen Düfte in sich hinein. Anschließend wird Ihnen ganz bestimmt ein langgedehntes ... Hhmmm ... entfahren, und Sie werden Ihre Verzückung auf diese Art zum Ausdruck bringen. Immer wieder Ansaugen der Düfte und ... Hhmmm ... So einfach ist der lunare Stimmansatz. Guten Appetit!

Nachdem wir nun den Begriff der *Stütze*, oder besser gesagt des *Appoggio* aus der Perspektive der Atemtypen erklärt haben, möchten wir noch hinzufügen, daß es sich bei diesen Definitionen nicht nur um den Stimmansatz handelt. Vielmehr ist das gesamte Singen jetzt verstehbar als entweder tendenzielles Verengen oder tendezielles Weiten des Brustkorbes. Der gesamte Vorgang der körperlichen Leistung während des Singens läßt sich zunächst einmal prinzipiell auf diese zwei wesentlichen Grundmerkmale reduzieren. Dennoch müssen wir uns vor Augen halten, daß das Singen in jedem Fall ein gesamtkörperlicher Vorgang ist, dessen physiologische Abläufe schon etwas komplexer sind. Was dabei genau passiert, werden wir im folgenden Kapitel erklären.

Der hörbare Unterschied

»Wenn an der Geschichte mit den Atemtypen etwas dran ist, dann muß es hörbar sein!« Das war – so können wir heute sagen – einer der zentralen Sätze in der Anfangsphase unserer *Überprüfung*. Die Tatsache, daß an anderer Stelle – nämlich im medizinisch-therapeutischen Bereich – mit dieser Lehre gute Erfahrungen gemacht wurden, sollte nicht ausreichen, um uns von der direkten Übertragbarkeit auf Stimmbildung und Instrumentalpädagogik zu überzeugen. Die Entscheidungshilfen konnten einzig und allein von konkreten, d. h. fühlbaren und hörbaren Veränderungen kommen. Fühlbar auf seiten der Sänger, wenn nämlich ihr gesamtkörperliches Empfinden dahingehend verändert werden konnte, daß sie sich selbst als insgesamt entspannter, leichter, lebendiger und leistungsfähiger wahrnehmen, und hörbar auf seiten der Zuhörer, die in jedem Falle stimmlich-klangliche Verbesserungen, größeren Klangraum, mehr Brillanz und größere persönlich-künstlerische Präsenz bestätigen konnten.

Seit 1991 (wir gaben damals unser erstes gemeinsames Seminar unter dem Aspekt der Atemtypen) hatten wir jede Menge Gelegenheit, unterschiedlichste Stimmphänomene und auch Stimmprobleme unter dem Gesichtspunkt der Typenpolarität eingehender zu studieren. Wir konnten gewissermaßen hörend »beobachten«, wie Stimmen sich allmählich in ihre *typengerechte Klangform* ergaben und erst dadurch zu einer wirklich überzeugenden Ausdruckskraft fanden.

Und so ergab es sich nach und nach, daß wir begannen, von lunaren und solaren Stimmen zu sprechen. Gemeint waren damit jeweils gewisse *typische* Merkmale, die uns den Atemtyp nicht selten durch bloßes Hinhören zu erkennen gaben. Denn schließlich waren wir gewohnt, darauf zu hören, ob der Sänger oder die Sängerin – über das generelle Erscheinungsbild der Stimme hinaus – in sich stimmig, authentisch oder, mit anderen Worten, *in seiner/ihrer Energie* war. Die typisch solaren – lunaren Aspekte wurden mehr und mehr zu so etwas wie Kriterien für ein Ansetzen gerade auch in der Arbeit mit sogenannten Fragezeichentypen, also jenen Typen, über die die Tabelle keine Auskunft mehr geben konnte. Dort waren wir angewiesen auf das Zusammenwirken aller sinnlichen Eindrücke, die wir von den Sängern/Sängerinnen vermittelt bekamen: Atmung, Stimme, Haltung und Stimmigkeit und noch manches mehr, was sich allerdings schlecht beschreiben läßt.

Unsere Erfahrungen lehrten uns, daß es nicht damit getan sein konnte, eine Stimme hinsichtlich des zugehörigen Atemtyps zu erfassen, um die betreffende Person dann mit dieser einmal getroffenen Entscheidung quasi abgestempelt zu entlassen. Der zugehörige Atemtyp hatte weitreichende Konsequenzen für die Entwicklung einer jeden Stimme. Und für den Unterricht war das Erkennen und Unterstreichen dieser Gegensätze von besonderer Wichtigkeit, denn es ließ sich plötzlich nicht mehr alles über »einen Kamm scheren«. So erkannten und akzeptierten wir die grundsätzlichen Unterschiede im klanglichen Grundcharakter ebenso wie in der jeweiligen stimmlichen Ausgangssituation. Ferner in Stimmansatz, Stimmführung und stimmlicher Entwicklungsrichtung, besonders wenn es darum ging, den Stimmambitus und die Stimmkapazitäten auszuweiten. Darüber hinaus waren an die Förderung des jeweiligen musikalischen Temperaments und einer daraus resultierenden Interpretation unterschiedliche Notwendigkeiten geknüpft. Wollte der Dynamiker in seiner Spielfreude und lustvollen Leichtigkeit angeregt und auf diese Art zu entsprechender stimmlicher Leistung motiviert werden, so brauchte der Statiker eine ruhige Konzentriertheit und Zentrierung auf seine *Mitte* als Ausgangsbasis für müheloses, entspanntes stimmliches Tun.

Ja, es gab einen Unterschied – er war sichtbar, hörbar und fühlbar, und zwar sowohl für uns als auch für alle, die an diesem Erlebnis passiv oder aktiv teilhatten.

Die solare Stimme

Wie wir schon an anderer Stelle[1] erwähnt haben, kann der Ausatmer geradezu verschwenderisch mit seinem Atem umgehen. Dieses Verschenken der Energie über das Ausatmen macht sich im stimmlichen Grundcharakter, im Stimmansatz und überhaupt in der Art, die Stimme zu führen (nämlich auf bewußtem Ausatmen) bemerkbar. Und so klingen diese Stimmen dann auch. Sie sind gut *eingehüllt* von *Atemluft* und vermitteln oftmals ein Grundgefühl von zärtlicher Weichheit.

Als Zuhörer hat man sehr schnell ein Empfinden von »Streichelstimmen«, deren samtene Atmosphäre gleichermaßen warme Sinnlichkeit wie Ruhe und Geborgenheit ausstrahlt. Zuhörer sind nicht selten verzaubert von dem speziellen solaren, manchmal etwas rauchigen Timbre, und die Frage so manchen Einatmers lautet vielleicht etwas neidisch: »Ja, singen denn die Lunaren nicht sexuell?«

Diese *typisch solaren* Stimmqualitäten stellen sich unter stimmphysiologischen Gesichtspunkten natürlich leichter in der sogenannten tieferen Mittellage ein. Hier schwingen die Stimmbänder langsamer, und es streicht mehr Luft *ungenutzt* an ihnen vorbei. Ein Ausatmer wird erfahrungsgemäß diesen Bereich als seine Indifferenzlage[2] wählen. Seine Stimme sucht sich diese Lage fast wie von selbst, denn hier findet der Sänger sein größtes Wohlbefinden. Dieses Wohlbefinden – besonders in der Kehle und mit der Stimme selbst – resultiert u.a. daraus, daß die sogenannte Stimmritze über den aktiven Ausatmungsstrom beim Singen ein klein wenig weiter offen gehalten werden kann und die Muskulatur innerhalb des Kehlkopfes[3] nicht zu stark (im Sinne von Verspannung und daraus resultierender Dysfunktion) beansprucht werden muß.

Für die Stimmführung lassen sich ganz ähnliche Kriterien formulieren wie für die Atemführung.[4] Die durch den weichen Ansatz[5] *gesund* eingeführte Stimme, zieht ihren musikalischen Spannungsbogen in Richtung Phrasenende und wird dabei intensivierend geführt. Intensivierend geführt heißt in diesem Zusammenhang, daß im Hinblick auf Zielnoten und Endungen der interne stimmliche Spannungsbogen zunimmt, was sich auch in einer zusätzlichen Mobilisation von Atemvolumen[6] und Stimmkapazität[7] bemerkbar macht. Zielpunkt einer solaren Stimmführung ist die Ruhe nach der letzten Note, und sei es nur für einen kurzen Moment. Dort erfolgt Konzentration und Sammlung, ein passives Schöpfen von Energie für den nächsten musikalischen Bogen.

Für die Entwicklung des Umfangs einer solaren Stimme sind alle Übungen geeignet, die der Ausatmung genügend Raum geben. Im Hinblick auf die Arbeit mit Konsonanten sind daher Übungen günstig, die *h*, *w*, *f* beinhalten, ferner jene, bei der weiche Lippen[8] oder eine weiche Zunge gefragt sind, also *b*, *d*, *s*. Natürlich spricht nichts dagegen, auch andere Konsonanten (t, p, z usw.) zu verwenden, zumal der musikalische Kontext das ohnehin erforderlich macht. Dennoch kommen die zuerst genannten Konsonanten einer Stimmführung nach dem solaren Prinzip entgegen.

Eine weitere »Regel« bei der Entwicklung einer solaren Stimme bleibt zu beachten. Die Stimme läßt sich – gerade für das Aufwärmen der Stimmwerkzeuge – zunächst leichter in der Tiefe führen, da der Anteil an Atemluft hier, aufgrund der oben erwähnten langsameren Schwingung der Stimmbänder, größer ist. Hat sich der Ausatmer an den Umgang mit der *expiratorischen Reserveluft* gewöhnt, wird er die Art und Weise von Atem- und Stimmführung auch mehr in der Höhe anwenden können. Da der Atem gewissermaßen einen Schutz für seine Stimme darstellt, kann sich der Ausatmer auch in stimmlichen Gipfelregionen gut mit den jeweiligen Erfordernissen zurechtfinden, und solange er dem Prinzip der Ausatmung treu bleibt, sind seiner stimmlichen Entwicklung keine Grenzen gesetzt.

Die lunare Stimme

Für eine lunare Stimme ist Luft Gift! Ja, man kann es wirklich so kraß ausdrücken. In dem Augenblick, wo ein Einatmer versucht, verschwenderisch mit dem Atem umzugehen, drehen sich die Aktiv-Passiv-Verhältnisse um. Die Folgen sind in der Regel fatal! Wenn Einatmer aktiv ausatmen, üben sie einen derart hohen Druck auf die Stimme bzw. die Muskulatur innerhalb des Kehlkopfes aus, daß es sogar zu Entzündungen (Laryngitis) desselben kommen kann. Daher: *Stimmbänder weg vom aktiven Ausatmen!* Beschäftigen wir uns also lieber damit, was Einatmer tun können und sollen und wodurch die Qualitäten ihrer Stimme gekennzeichnet sind.

Einatmer benötigen keine Luft zum Singen, so absurd das zunächst auch klingen mag. Da sie während des Singens – über die Dehnung des Brustkorbes[9] – mit ihrem Körper quasi permanent Einatmung simulieren,[10] wirken sie sehr konkret dem Absenken des Brustkorbes sowie dem damit verbundenen Ausatmen entgegen. In der Folge ist bei ihnen keinerlei *Lüfteln* zu hören. Ihre Stimmen sind naturgemäß klar und rein und haben in der Regel ein helles, glockiges, Timbre. Der meist von Anfang an besonders ausgeprägte Obertonreichtum verleiht ihnen eine auffallende Brillanz und manchmal eine gewisse »Engelhaftigkeit«. Als Zuhörer ist man hingerissen von der besonderen Reinheit und Schönheit, die tief im Herzen berührt. Es ist, als öffneten sich über diesen Klang die Tore zu den höheren Schwingungsebenen der menschlichen Seele.

Diese *typisch lunaren* Stimmqualitäten stellen sich unter stimmphysiologischen Gesichtspunkten leichter in der höheren Mittellage ein. Hier schwingen die Stimmbänder naturgemäß schneller, und über die inspiratorische Tendenz – also das Weithalten des Brustkorbes – streicht so gut wie keine Luft ungenutzt an ihnen vorbei. Ein Einatmer wird diese höhere Mittellage erfahrungsgemäß als seine Indifferenzlage wählen. Man kann bei ihm die Tendenz feststellen, die Stimme hinaufgehen zu lassen, also der Dynamik folgend, die die Stimme zu der für Lunare so typischen Plateauerfahrung[11] führt. Das trifft unter Umständen auch für die Sprechstimme zu.[12] Singstimmen finden zu ihrem größten Wohlbefinden, wenn die kontraktive Tendenz des Brustkorbes beim Singen in eine expansive verwandelt werden kann. Dadurch reguliert sich nämlich der Atemdruck, und die Stimme bleibt frei von Belastungen, die sich aus einer zu hohen *medialen Kompression*[13] ergeben können.

Auch hier lassen sich für die Stimmführung ganz ähnliche Kriterien formulieren wie für die Atemführung[14]. Die durch den leichten Ansatz mit Aufwärtsdynamik *gesund* eingeführte Stimme bewegt sich quasi tanzend auf der Musik. Schwerelos und als könne es immer so weitergehen, nimmt sie ein Phrasenende lediglich als kurzen Moment des Verweilens. Man hört die Tendenz, sich eigentlich immer weiter zu bewegen, da die einer lunaren Stimme innewohnende Leichtigkeit niemals erschöpfend sein kann. So verlieren auch musikalische Spannungsbögen ihre Bedrohlichkeit.

Für die Entwicklung des Umfangs einer lunaren Stimme sind alle Übungen geeignet, die eine Dehnungstendenz des Brustkorbes mit sich bringen. Abgesehen von einer aktiven Weitung der sternalen Region (Brustbeinregion), lassen sich alle Übungen gewinnbringend einsetzen, die über die *Rückstellkraft*[15] das Brustbein als Impulsgeber aktivieren können. Hier eignen sich besonders im Hinblick auf das *Ausnutzen* von Konsonanten all jene Übungen, die *p*, *t*, *z*, *v* oder *ss* enthalten, also alle impulsiven, explosiven oder sonstwie impulsgebenden Momente.

Natürlich spricht nichts dagegen, auch andere, weiche Konsonanten zu verwenden, aber für ein Training der dynamisch-impulsiven Kraft – einer Stimmführung gemäß dem lunaren Prinzip – kommen die zuerst genannten eher in Frage.

Bei der Entwicklung einer lunaren Stimme bleibt eine weitere »Regel« zu beachten. Die Stimme läßt sich – gerade für das Aufwärmen der Stimmwerkzeuge – in der Höhe leichter führen, da der Anteil an Atemluft hier, aufgrund der oben erwähnten schnelleren Schwingung der Stimmbänder, geringer ist. Die Stimmfunktion kommt in dieser Lage der Einatmernatur entgegen, zumal nicht durch zusätzlich aktives *Lüfteln* auf die Stimme gedrückt wird. Hat sich der Einatmer an den Umgang mit der *inspiratorischen Tendenz* beim Singen gewöhnt, wird er dieses Weithalten des Brustkorbes auch in den tiefen Lagen der Stimme mühelos anwenden können. Hier wird der Klang und nicht der Atem sukzessive nach unten getragen, und der Einatmer läuft nicht Gefahr, seine Stimmwerkzeuge zu schädigen.

Es bleibt zu erwähnen, daß mit den jeweils unterschiedlichen Indifferenzlagen[16] *nicht* gemeint ist, daß Ausatmer tiefe Stimmen und Einatmer hohe Stimmen haben. Natürlich sind dafür die Größe des Kehlkopfes und die damit verbundene Länge und Dicke der Stimmbänder ausschlaggebend. Wir können also nicht zwangsläufig auf einen Zusammenhang zwischen Stimmgattung und Atemtyp schließen. Innerhalb einer Gattung[17] jedoch haben lunare Stimmen eine *Stimmprägung*, die der einer solaren Stimme völlig entgegengesetzt ist. In dieser Polarität liegt der Startpunkt für eine ebenso stimmlich-technische wie musikalisch-künstlerische Entwicklungsrichtung – im Sinne einer Bewegung aufeinander zu. Und dennoch oder vielleicht gerade deshalb ist und bleibt der Unterschied hörbar.

Das Zwerchfell

Das Experimentieren mit neuen Dingen bringt natürlich auch mit sich, daß man beginnt, bestehende Selbstverständlichkeiten mit neuen oder anderen Augen zu sehen. Eine solche Selbstverständlichkeit war für uns das Zwerchfell und seine Funktion während der Atmung und beim Singen. Anfangs bekamen wir viele Einwände bezüglich der Atemtypen und deren Anwendbarkeit beim Singen. Aussagen wie »Ist ja alles nicht wissenschaftlich erwiesen« und »wenn das wahr wäre, dann wüßte man das doch.« »Ja, aber dann ist ja das Zwerchfell gar nicht mehr dabei« oder »und das soll gesund sein?« Nun, zunächst hatten wir ja auch keine Erklärungsmodelle anzubieten, die die »aufgeregten« Gemüter hätten beruhigen können. Wir wußten, es funktioniert! Schließlich hörten wir die praktischen Konsequenzen immer und immer wieder. Aber wie und warum, das war uns zu Beginn selbst »schleierhaft«. War es etwa möglich, daß ein und dieselbe Funktion – die Zwerchfellbewegung – auf verschiedene Arten möglich sein konnte? Oder brauchten manche Leute gar kein Zwerchfell? Unsere Spekulationen ließen bald alles Mögliche und Unmögliche zu.

Versuchten wir, mit Freunden, Bekannten oder Interessierten ein Gespräch über unseren Ansatz zu führen, winkten sie in der Regel sehr bald ab. Besonders jene, die von der Materie »Ahnung« hatten, schwankten zwischen mystisch-exotischem Angezogensein und einem Finger in Richtung Stirn. Zum Glück hatten wir unsere gemeinsame Überzeugung: »Es geht, wir müssen nur noch herausfinden, wie!« Mit der Zeit fanden wir dann auch immer mehr Beweise dafür, daß Körperfunktionen, wie wir sie alle tagtäglich erleben, unterschiedlich ablaufen. Und diese Unterschiedlichkeit besteht sowohl im dynamischen Akzent als auch in einer Verschiedenheit der Aktiv-Passiv-Verhältnisse. Die Atmung, das Herz-Kreislauf-System, die Tag-Nacht-Rhythmen oder die Art und Weise, mit dem linken oder dem rechten Fuß zuerst loszugehen, kurz, alles ist verschieden, oft entgegengesetzt. Auch die Zwerchfellfunktionen – halten Sie das für möglich?

Das Zwerchfell ist der größte Muskel des Körpers. Es wird auch als *der* Singmuskel bezeichnet, obwohl es direkt mit der Stimmgebung nichts zu tun hat. Die nämlich wird von den Muskeln innerhalb des Kehlkopfes geregelt. Anders als beispielsweise bei der Arm- oder Beinmuskulatur, ist es uns beim Zwerchfell zunächst nicht möglich, direkten Einfluß auf den physiologischen Ablauf zu nehmen. Erst über andere Aktivitäten, und hier ist die Atmung besonders hervorzuheben, können wir Einfluß auf die Beweglichkeit dieser Muskulatur nehmen.

Das Zwerchfell (Diaphragma) liegt kuppelförmig zwischen Brust- und Bauchraum und trennt den Respirations- vom Verdauungstrakt. Es besteht aus einer Zentralsehne, dem *Centrum tendineum*, und einem muskulösen Anteil, der sich wiederum beidseitig in einzelne Bereiche gliedert, den *Pars sternalis*, *costalis* und *lumbalis*. Es handelt sich beim Zwerchfell also nicht um einen einzigen Muskel, sondern um mehrere miteinander funktionierende Muskelpartien. Während sich die Zentralsehne (über ihr befindet sich der Herzbeutel) in der Ein- oder Ausatmung kaum bewegt, heben oder senken sich beidseitig die Zwerchfellkuppen. Sie senken sich beim Einatmen durch eine von der Atemmuskulatur verursachte Dehnung des Brustkorbs und heben sich beim Ausatmen durch eine entsprechende Verengung des Brustkorbs.

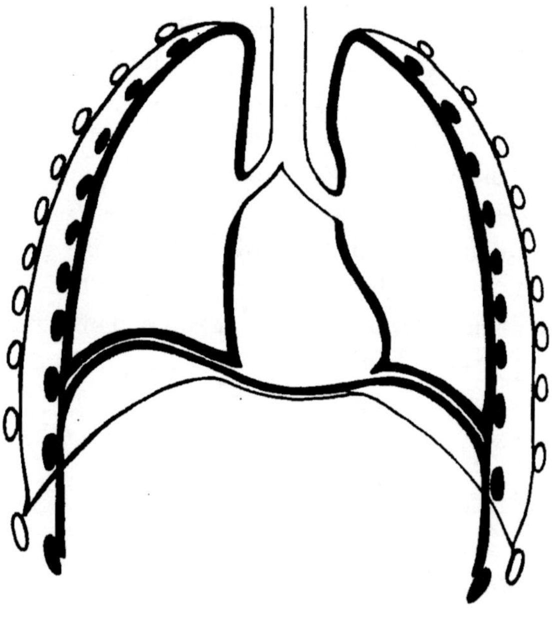

Hier sieht man die Bewegungen von Rippen, Lunge und Zwerchfell, die sogenannte Atemmechanik.[1]

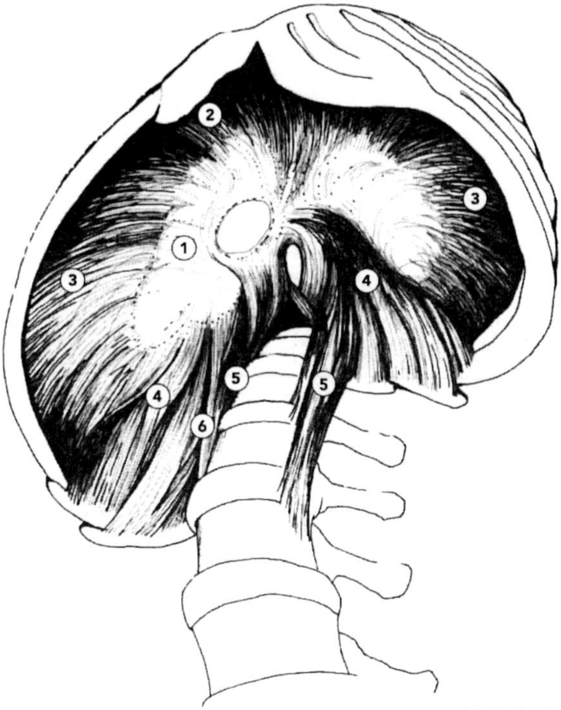

1 **Centrum tendineum**
2 **Pars sternalis**
3 **Pars costalis**
4 **Pars lumbalis**
5 **Crus mediale**
6 **Crus laterale**

nach Calais-Germain

Auf dieser Ansicht vom Zwerchfell (untere Fläche) erkennen wir deutlich, wie in der Zentralsehne, *Centrum tendineum* (1), die verschiedenen Teile, *Pars sternalis* (2), *Pars costalis* (3) und *Pars lumbalis* (4), vereint werden und das Zwerchfell als Ganzes ausmachen.[2] Während der *Pars sternalis* (2) am Schwertfortsatz, dem untersten Teil des Brustbeines, entspringt und der *Pars costalis* (3) an der Innenfläche der Knorpel von 7. bis 12. Rippe, finden wir in den *Crus mediale* (5) und *Crus laterale* (6) kleine Muskelbündel, die den *Pars lumbalis* mit der Lendenwirbelsäule verbinden. Die Funktion dieser, auch Zwerchfellstrippen genannten, kleinen Muskeln werden wir weiter unten noch erläutern.

Arbeiten die verschiedenen Teile des Zwerchfells optimal zusammen, so sind entsprechend optimale Zwerchfellfunktionen zu erwarten. Tun Sie das nicht, weil beispielsweise Muskelkontraktionen oder auch Bindegewebsschwächen dem entgegenstehen, so ist nicht nur die Zwerchfellphysiologie eingeschränkt, es kann darüber hinaus zu ernsten pathologischen Erscheinungsformen kommen.

Wir haben bereits erwähnt, daß beide Zwerchfellkuppen sich beim Einatmen senken und beim Ausatmen heben. Singen geschieht *immer* in der Ausatmung (sehen wir jetzt einmal davon ab, ob dies aktiv oder passiv erfolgt), also beim Heben der Zwerchfellkuppen. Jetzt kann das Zwerchfell trainiert werden, das Heben und Senken seiner Kuppen den für das Singen erforderlichen Notwendigkeiten anzupassen. Und diese für das Singen erforderlichen Notwendigkeiten bestehen in einer möglichst langen Ausatmungsphase (aktiv oder passiv), was uns zum Singen auch langer Melodiebögen (Phrasenökonomie) befähigt, und in einer möglichst kurzen Einatmungsphase, die uns selbst in kleinsten musikalischen Zäsuren eine Regeneration gestattet.

Daher brauchen wir während des Singens für das Zwerchfell eine *Ausgleichsaktivität*, die auf physischer, also muskulärer Ebene ein vorzeitiges oder zu schnelles Heben der Zwerchfellkuppen verhindert bzw. diesen Vorgang hinauszögern kann und dadurch eine größere Phrasenökonomie gewährleistet. Diese Ausgleichsaktivität wird bei beiden Atemtypen unterschiedlich vorgenommen.

Der lunare Typ arbeitet beim Singen mit der inspiratorischen Tendenz des Brustkorbs. Diese simuliert – über die Dehnungsbewegung des Brustkorbes – während des Singens einen »Einatmungsvorgang«. Hierdurch wird die für die Einatmung zuständige Muskulatur nicht zu schnell entspannt, sondern behält, trotz ihres Nachlassens, eine *tendenzielle Inspirationsspannung*. Über das Heben des Brustbeins bzw. das Weiten der Rippen werden die entsprechenden Zwerchfellsegmente, also *Pars sternalis* und die beiden *Pars costalis*, für die Ausgleichsbewegung des Zwerchfells herangezogen. Das Zwerchfell bleibt somit länger in einer Art »Schwebezustand«, seine Kuppen heben sich langsamer. Dadurch wird der gesamte Atembogen verlängert, und für das Singen resultieren längere Phrasen.

Der solare Typ arbeitet beim Singen mit der expiratorischen Tendenz des Brustkorbs. Diese expiratorische oder Verengungstendenz besteht zunächst in doppelter Hinsicht. Einerseits verengt sich der Brustkorb beim Singen ohnehin, denn es geschieht ja beim Ausatmen. Andererseits verstärkt der Ausatmer diese Brustkorbbewegung noch über die Art und Weise seines Stimmansatzes, nämlich bewußt beim aktiven Ausatmen. Folglich haben solare Typen anfangs oft das Gefühl, keine langen Phrasen singen zu können, beziehungsweise schon nach wenigen Tönen wieder Luft zu benötigen. Das sind normale Anfangsschwierigkeiten, die dazu führen sollen, daß der Stimmansatz weich vorgenommen werden kann.[3]

Die Ausgleichsaktivität wird hier dennoch anders vorgenommen. Der Ausatmer aktiviert die sogenannten Zwerchfellstrippen. Das sind jene kleinen Muskelbündel, die den jeweiligen *Pars lumbalis* mit den Lendenwirbeln verbinden. Über die vertikale Streckung der Wirbelsäule wird nun ein Zug über *Crus mediale* und *Crus laterale* auf den hinteren Teil des Zwerchfells, dem *Pars lumbalis* ausgeübt, welcher der Aufwärtsbewegung der Zwerchfellkuppen etwas entgegensetzt. Diese heben sich nicht so schnell, und das Zwerchfell bleibt länger in einer Art »Schwebezustand«. Somit wird der gesamte Atembogen verlängert, und für das Singen resultieren längere Phrasen.

Zusammenfassend können wir sagen, daß das Zwerchfell natürlich bei beiden Typen beteiligt ist, wenn es um Atmen und Singen geht. Auch daß durch ein Training des »Singmuskels« eine Zwerchfellökonomie erreicht wird, die wiederum eine größere Leistungsfähigkeit zur Folge hat, trifft für beide Typen zu. Der wesentliche Unterschied besteht in der unterschiedlichen Nutzung der diversen Zwerchfellregionen in der aktiven beziehungsweise passiven Phase.

Nutzt der lunare Typ während der aktiven Phase des Singens vorwiegend *Pars sternalis* und *Pars costalis*, so ergibt sich daraus ein Nutzen des *Pars lumbalis* während seiner passiven Phase. Nutzt hingegen der solare Typ während der aktiven Phase seines Singens vorwiegend *Pars lumbalis* (man spricht bei ihm ja vorwiegend von Flankenaktivierung), so ergibt sich daraus ein Nutzen des *Pars sternalis* und *Pars costalis* während seiner passiven Phase. Beides läßt sich durchaus mit einer *Schaukelbewegung des Zwerchfells* vergleichen, wobei die Aktiv-Passiv-Wellen für beide Typen unterschiedlich sind. Was bei beiden anfangs durch spezielle Dehnungsübungen im großen Stil während des Singens geübt werden kann (natürlich nur in der Trainingssituation), kann später, wenn der Körper diese Funktion kennt, mehr und mehr verkleinert werden, bis man schließlich von der Schaukelbewegung nichts mehr sieht.

Körperzonen

Erich Wilk bezeichnete sich selbst unter anderem als Magnetopath. Darunter verstand er die Fähigkeit seines Geistes, feinste elektromagnetische Energieströme zu konzentrieren und diese dann von sich selbst zu einem anderen Organismus oder innerhalb eines anderen Organismus von einem Ort zum anderen zu leiten. Das ist ein Verfahren, das heute auch im alternativmedizinischen Bereich angewendet wird. In seinem Buch[1] schreibt er von seinen praktischen Erfahrungen mit der Anwendung seines magnetopatischen Verfahrens am kranken Menschen. Wilk war offensichtlich ein Mensch, der Zeit seines Lebens Beobachtungen an der Natur, am Tier und am Menschen vorgenommen hatte. Es interessierte ihn nicht nur, wie die Menschen in ihrer Gegensätzlichkeit funktionieren, sondern auch, wie der einzelne Mensch diese Polarität in sich trägt und in körperlicher Konstitution und Disposition zum Ausdruck bringt.

Aufgrund von Studien und Beobachtungen formulierte Wilk seine Körperzonen. Bezeichnete er sie zunächst noch als *Plus- und Minus-Zonen*, so sprach Charlotte Hagena später von *Dehnungs- und Verengungszonen.* Diese Bezeichnungen kommen unserem Anliegen insofern entgegen, als sich hieraus unmittelbare praktische Konsequenzen für das körperliche Funktionieren beim Singen ableiten lassen.[2] Aber bleiben wir bei den Körperzonen. Erich Wilk hatte herausgefunden, daß gewisse Regionen des menschlichen Körpers besonders gut auf feuchte Wärme und andere besonders gut auf trockene Kälte reagieren. Besonders gut heißt in diesem Fall, daß durch entsprechende Behandlung einer Region die Durchblutung des Körpers in diesem Bereich angeregt werden kann. Dieses Wissen ist, so Wilk, für therapeutische Zwecke nutzbar, da Heilungsprozesse wesentlich schneller ablaufen können, wenn man weiß, wie die jeweiligen Körperzonen ihrer Natur entsprechend in ihrer Widerstandskraft angeregt werden können.

Als einfache Regel gilt, daß Dehnungszonen mit dehnenden, weitenden Maßnahmen oder auch mit (wenn möglich feuchter) Wärme behandelt werden sollen, wodurch die körperliche Regenerationsfähigkeit in diesem Bereich unterstützt wird. Anders bei den Verengungszonen. Hier seien verengende Maßnahmen förderlich, alles was kontrahiert, auch (wenn möglich trockene) Kälte. Daher wurden die Dehnungszonen auch als *Warmzonen* bezeichnet und die Verengungszonen als *Kaltzonen.* Wichtig ist in diesem Zusammenhang, daß eine Förderung der jeweiligen Zone lediglich durch eine Behandlung mit dem entsprechenden Prinzip zu erreichen ist. Eine Behandlung mit dem entgegengesetzten Prinzip ist nicht nur nicht förderlich, sie kann unter Umständen sogar zusätzlichen Schaden anrichten. Mit anderen Worten: *Warmzonen bedürfen zu ihrer Anregung (feuchte) Wärme und Weitung. Kaltzonen bedürfen zu ihrer Anregung (trockene) Kälte und Verengung. Die Anwendung des Gegenteils schadet!*

An diesen grundsätzlich unterschiedlichen Prinzipien orientiert sich auch die Körperarbeit, die wir für die Stimmentfaltung als förderlich ansehen. Wir werden das später noch erläutern. Jedoch gilt auch hier, daß die Stimme sich nur dann mühelos entwickeln kann, wenn die entsprechenden Funktionen (Atem- Körper- und Stimmfunktionen) entsprechend dem Körperzonenbereich des jeweiligen Typs gefördert werden. Die Anwendung des Gegenteils schadet der Stimme!

Doch nun zu den Körperzonen selbst. Anhand der Zeichnungen ist sehr leicht zu erkennen, daß Warm- bzw. Kaltzonen bei beiden Typen entgegengesetzt sind. Erich Wilk hatte herausgefunden, daß die jeweiligen Zonen gemäß seines magnetopathischen Verständnisses nicht nur unterschiedlich geladen, sondern auch von der physischen Struktur und inneren Beschaffenheit her sehr verschieden sind. Beispielsweise beschreibt er die Bindegewebsstruktur einer Verengungszone als wesentlich straffer und fester gegenüber der einer Dehnungszone.

Als Warm- bzw. Dehnungszonen erkennen wir beim lunaren Typ folgende Bereiche: Hinterkopf und behaarter Schädel, einschließlich der Ohren. Oberkörper bis etwa drei Fingerbreit unterhalb des Nabels, Arme und Hände, der gesamte Bereich der Beine und Füße.

Kalt- bzw. Verengungszonen sind das Gesicht, die Hals- und Nackenregion und das gesamte Becken.

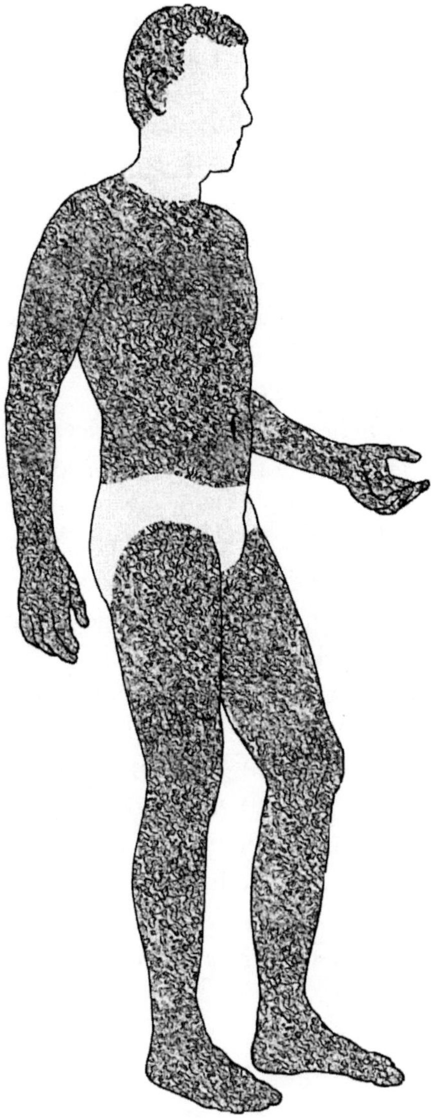

Lunarer Typ

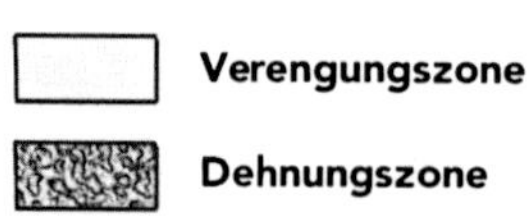

Als Warm- bzw. Dehnungszonen beim solaren Typ erkennen wir die folgenden Bereiche: Gesicht, Hals- und Nackenregion, das gesamte Becken.

Als Kalt- bzw. Verengungszonen finden wir den Hinterkopf und den behaarten Schädel, einschließlich der Ohren, den Oberkörper bis etwa drei Fingerbreit unterhalb des Nabels, Arme und Hände sowie den gesamten Bereich der Beine und Füße.

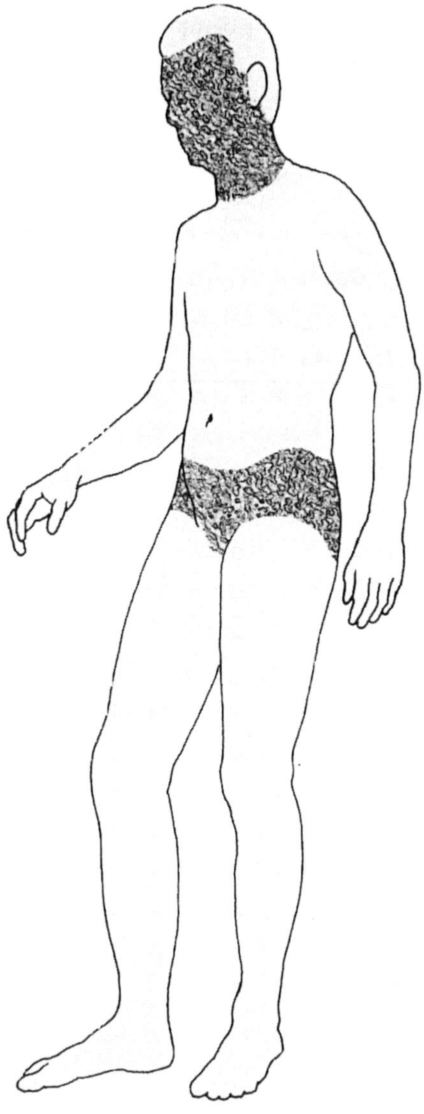

Solarer Typ

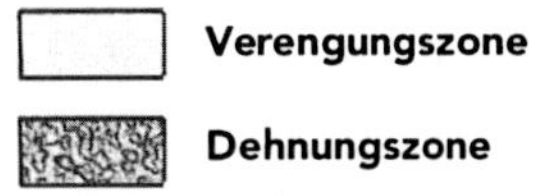

Warm- bzw. Kaltzonen erzwingen im täglichen Leben manchmal geradezu eine ihnen gemäße Behandlung. Vielleicht haben Sie sich schon einmal darüber gewundert, wie sehr manche Zeitgenossen um die Erhaltung ihrer warmen Füße besorgt sind. Gerade dem lunaren Typ ist das Warmhalten seiner Warmzonen ein Bedürfnis. Beim solaren Typ hingegen ruft das Gefühl von »heißen« Füßen eher Unbehagen hervor.

Dafür laufen solare Typen vielfach bis weit in den Spätfrühling oder gar Frühsommer hinein mit einem Schal herum. Auch hier ist das Bedürfnis zu erkennen, die Warmzonen auch warm zu halten. Dem lunaren Typ liegt das Schaltragen eher fern, weil er die kühle Brise um den Hals gewissermaßen als Anregung empfindet. So verschafft sich auch in den kleinen Angewohnheiten des täglichen Lebens die Unterschiedlichkeit der Atemtypenstruktur Ausdruck.

Nehmen Sie Haltung an!

»Brust raus – Bauch rein!« »Halt dich gerade!« »Trag den Kopf nicht zu hoch!« »Geh nicht so krumm!« »Laß die Schultern nicht hängen!« und so weiter und so weiter.

Ob Erziehungsparolen aus der eigenen Jugend, das Strammstehen beim Militär, Haltungsgrundsätze aus Gesundheitsprogrammen oder sogar Anleitungen aus dem Gesangsunterricht, klar ist: Hier ist immer mehr gemeint als die äußere, körperliche Haltung. Jahrhundertelang wurde stets versucht, durch körperliche Haltung menschliche Würde, Form und Anmut zum Ausdruck zu bringen. Auch wenn nicht überall und zu jeder Zeit dasselbe darunter verstanden wurde, gab es immer wieder Schulen oder Richtungen, die eine ganze Lebensphilosphie mit der Körperhaltung in Verbindung brachten. Auch wenn vieles davon heute eher belächelt wird, scheint eines sicher: *Menschsein und aufrechte Haltung haben in irgendeinem Sinne immer zusammengehört.*

Heutzutage ist es nicht mehr so einfach, die Frage nach einer richtigen oder angemessenen Haltung zu beantworten. Es geht längst nicht mehr darum, körperliche Haltung einhergehend mit Anstand und Sitte für alle als gleichermaßen verbindlich zu formulieren – als gesellschaftliche Norm. Inzwischen ist klar, daß eine Einheitsform nicht mehr funktioniert und abgelöst wurde von dem Ruf nach Natürlichkeit, die den individuellen Varianten Raum und entsprechende Form gibt. Heute geht es mehr um Beweglichkeit, Durchlässigkeit und Transparenz. Und Haltung in diesem Sinne soll nicht nur der körperlichen Gesundheit dienen, indem z. B. Belastungsschmerzen verhindert werden, sondern auch Freude, Kreativität und Leichtigkeit fördern. Haltung soll die Möglichkeit schaffen, dem inneren persönlichen Potential im weitesten Sinne Ausdruck zu verleihen.

Was kann uns heute, bei allem Hang zur Individualität, veranlassen, uns mit Haltungen, mit Positionen zu beschäftigen? Gibt es Haltungen, die uns fördern, und Haltungen, die uns behindern? Haltungen etwa, die uns aus körperlicher Stagnation befreien, unsere Ideen, unsere Phantasie oder unsere Lebendigkeit wieder zum Fließen bringen? Gibt es Haltungen, die uns aus »aufgedrehter«, hektischer Hyperaktivität erlösen und zur Mitte, zur Zentriertheit zurückbringen?

Dem einen (Lunaren) ist das Gefühl *innerer Stagnation* wohlvertraut: auf einem Fleck hockend zu spüren, wie der Körper seine Türen zuzieht, wie alle Poren sich verschließen und sich ein Zustand depressiver Verstimmtheit bis zur Unerträglichkeit breitmacht. Gibt es hier einen Ausweg? Gibt es gar Positionen, Bewegungen oder Haltungsveränderungen, die dem »Leid« ein Ende setzen? Ist es eine Veränderung der Sitzposition, das Aufrichten des Kopfes, verbunden mit einem tiefen Atemzug? Ist es ein Signal von außen, vielleicht ein Telefonklingeln, das uns veranlaßt, den Zustand zu verändern? Oder ist es ein Aufstehen mit dem »richtigen« Bein am Morgen?

Anderen (Solaren) sind die Situationen *hektischer Betriebsamkeit* wohlbekannt, in denen eine Aktivität die andere jagt. Und statt die Unruhe, der unerledigten Aufgaben wegen, zu lindern, wird diese mit jedem Tun unerträglicher. Das geht solange, bis eine Weigerung auf der ganzen Linie diesen Kreislauf auf meist unglückliche Weise stoppt. Gäbe es doch auch hier eine Haltung oder Bewegung, die uns bereits vorher aus dem Teufelskreis heraushelfen und uns die uns erlösende Ruhe bringen könnte!

Inzwischen gilt es als jederzeit praktisch erfahrbar, daß Körperhaltung, Atmung und innere Verfaßtheit auf's Engste miteinander verwoben sind. Daher lohnt es sich, darüber nachzudenken, ob nicht finstere Gedankenwolken oder maßlose Hektik durch eine falsche Körperhaltung begünstigt werden. Und wenn das eine möglich ist, geht es auch andersherum. Dann gibt es auch Sitzhaltungen, die für Entspannung sorgen. Dann gibt es Positionen, die optimale Durchblutung und damit energetische Versorgung bestimmter Körperregionen gewährleisten.

Aber gleichzeitig tauchen natürlich um so mehr jene Grundsatzfragen auf, die wir, bislang vergeblich, zu beantworten versucht haben. Was hat es mit der Haltung auf sich? Wie ist eine natürlich aufgerichtete Wirbelsäule geformt? Ist das sogenannte Hohlkreuz wirklich pathologisch? Was ist in diesem Zusammenhang als »krumm« zu bezeichnen und was ist einfach entspannt? Aus welchem Grund wirkt der eine Sänger mit erhobenem Kopf wohltuend selbstbewußt und frei und der andere mit derselben Kopfhaltung eher seltsam arrogant?

Ist die Haltung eines Menschen stimmig, so macht sich niemand Gedanken darüber. Warum auch? Der Mensch fühlt sich wohl, und die

Dinge sind im Fluß. Beobachtet man unter diesem Aspekt z. B. spielende Kinder, so wird eines deutlich: Man schaut nicht auf ihre Haltung, nicht auf Kopf oder Wirbelsäule, sondern achtet mehr darauf, welche Qualitäten ihre Körperhaltung, ihre Motorik transportiert. Man »erlebt« Unbeschwertheit oder Versonnenheit, Konzentration oder Wildheit. Kein Mensch käme auf die Idee, bei einem spielenden Kind Hand- oder Kopfhaltung im Sinne von richtig oder falsch zu korrigieren.

Eine stimmige Haltung fällt eben nicht ins Auge, sie bietet lediglich eine Form, ein Gefäß für die Qualitäten, die durch sie zum Ausdruck kommen. Für das Gegenüber ist interessant, wie sich diese Qualitäten zeigen, seien es Anmut in der Bewegung oder Klarheit in einer Geste, vielleicht auch Humor in der Mimik oder Sehnsucht und Freiheit im stimmlichen Ausdruck. Ins Auge fallen Körperhaltungen oft erst dann, wenn irgend etwas daran nicht *stimmt*, d. h. wenn wir eine Diskrepanz empfinden zwischen der Person, die vor uns steht, und ihrem Ausdruck, zwischen dem Potential, das wir erahnen, und dem, was erscheint.

Wenn es also so etwas wie eine natürliche Körperhaltung gibt, interessiert uns, nach welchen Kriterien sie funktioniert. Was sind die Maßstäbe für eine gesunde Position? Gibt es Haltungen, die verborgenes Ausdruckspotential freigeben? Nach welchen Gesetzen »arbeitet« die Natur? Beleuchten wir das Thema aus typenpolarer Sicht und beziehen uns auch hier wieder auf den typeigenen Atemrhythmus als Grundlage für einen ordnenden Lebensfaktor, so können wir konstatieren: *Als natürlich wird jede Körperhaltung erlebt, die den typeigenen aktiven Atem fördert.*

Demnach haben wir es auch hier mit zwei grundverschiedenen Haltungen zu tun, der des Einatmers und der des Ausatmers. Und selbst wenn es für beide gleichermaßen um das Thema Aufrichtung der Wirbelsäule geht, läßt schon die Erfahrung und Beobachtung der gegensätzlichen Atemrhythmen vermuten, daß es auch hier nicht nur eine Variante der Natur gibt.

Wir können beobachten, daß jene Kräfte, die eine jeweils aktive Atembewegung hervorrufen, gleichzeitig auch formgebend sind und daher mitbeteiligt an Aufrichtung und Körperhaltung. Zum

Zeitpunkt der Geburt, im vom Leben noch unbeeinflußten Zustand ist die Wirbelsäule noch relativ gerade. Erst vom Moment der Geburt an beginnen mit dem spezifischen Atemrhythmus Kräfte auf die Wirbelsäule einzuwirken, die deren weitere Ausformung prägen. Und je nachdem, wie die Muskulatur arbeitet, welche die Wirbelsäule hält und aufrichtet, bilden sich Form und Stellung der Wirbel zueinander aus. Eine aktiv verengende Kraft ergibt eine andere Aufrichtung der Wirbelsäule als eine aktiv dehnende.

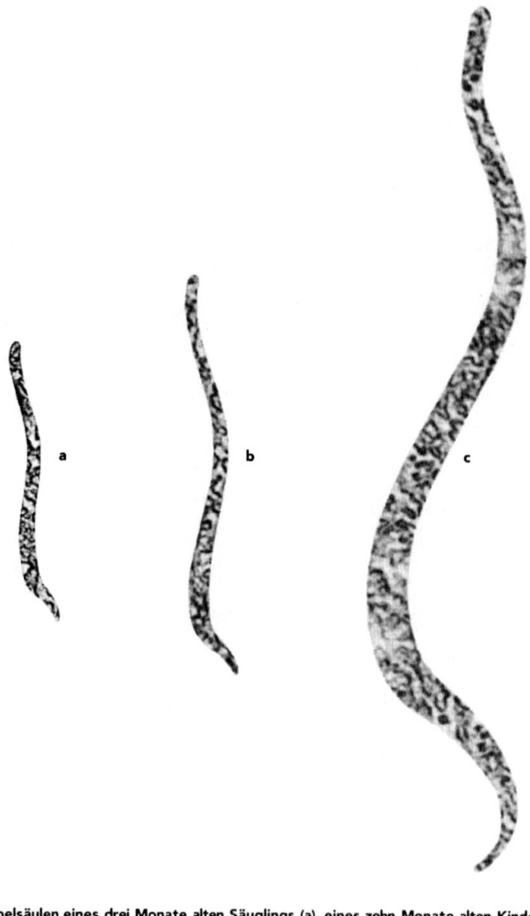

Krümmungen der Wirbelsäulen eines drei Monate alten Säuglings (a), eines zehn Monate alten Kindes (b) und eines Achtzehnjährigen (c) (nach Röntgenbildern)

Dadurch unterliegt die gesamte Muskulatur und letztlich unser gesamter Bewegungsapparat (Skelett, Gelenke, Muskeln und Sehnen) entweder dem Prinzip von aktiver Verengung oder dem Prinzip von aktiver Dehnung[1]. Konsequent weitergedacht bedeutet dies, daß eine Haltung, die einen Einatmer aufrichtet und regeneriert, den Ausatmer geradezu verspannen oder erschöpfen muß. Das gleiche gilt natürlich auch umgekehrt. Beide Typen beziehen ihre Haltung aus unterschiedlich gewichteten Richtungskräften. Und da der Brustkorb den Bezugspunkt für das Wirken dieser Kräfte darstellt, bedeutet das: *Für den Einatmer wird der Brustkorb zum Ort der Dynamik und Bewegung. Für den Ausatmer wird der Brustkorb zum Ort der Ruhe und Sammlung.*

> Der Einatmer schöpft die ihn aufrichtende Kraft aus der aktiven Dehnungsbewegung seines Brustkorbs. Und die Ausrichtung dieses Energieflusses kann dargestellt werden als in Bewegung aufsteigende, sich nach oben hin räumlich ausdehnende Kraft. (Abb. S. 68)

> Der Ausatmer schöpft die ihn aufrichtende Kraft aus der aktiven Verengungsbewegung seines Brustkorbs. Und die Ausrichtung dieses Energieflusses kann dargestellt werden als in die Ruhe absteigende, sich nach unten hin linear ausrichtende Kraft. (Abb. S. 69)

Platz nehmen contra Hängenlassen

Die Wirbelsäule eines Ausatmers ist grundsätzlich anderen *Formungskräften* ausgesetzt als die Wirbelsäule eines Einatmers.

Beim *Einatmer* sorgt die auf aktive Dehnungsbewegung ausgerichtete Muskulatur dafür, daß es für Brust- und Lendenwirbelsäule natürlich und bequem ist, sich auszudehnen und nachzugeben. Je mehr der Einatmer also in dehnender Bewegung ist, in tendenzieller Einatmung, desto lebendiger kann diese Kraft wirken und für seine Haltung sorgen. Mit jeder Einatmung arbeitet er gewissermaßen *aktiv* an seiner Aufrichtung. Denn Aufrichtung ist für ihn immer gleichzusetzten mit *räumlicher Ausdehnung*. Umgekehrt arbeitet er mit jeder Haltung, die die Dehnung seines Brustkorbs ermöglicht und fördert, an der Er-

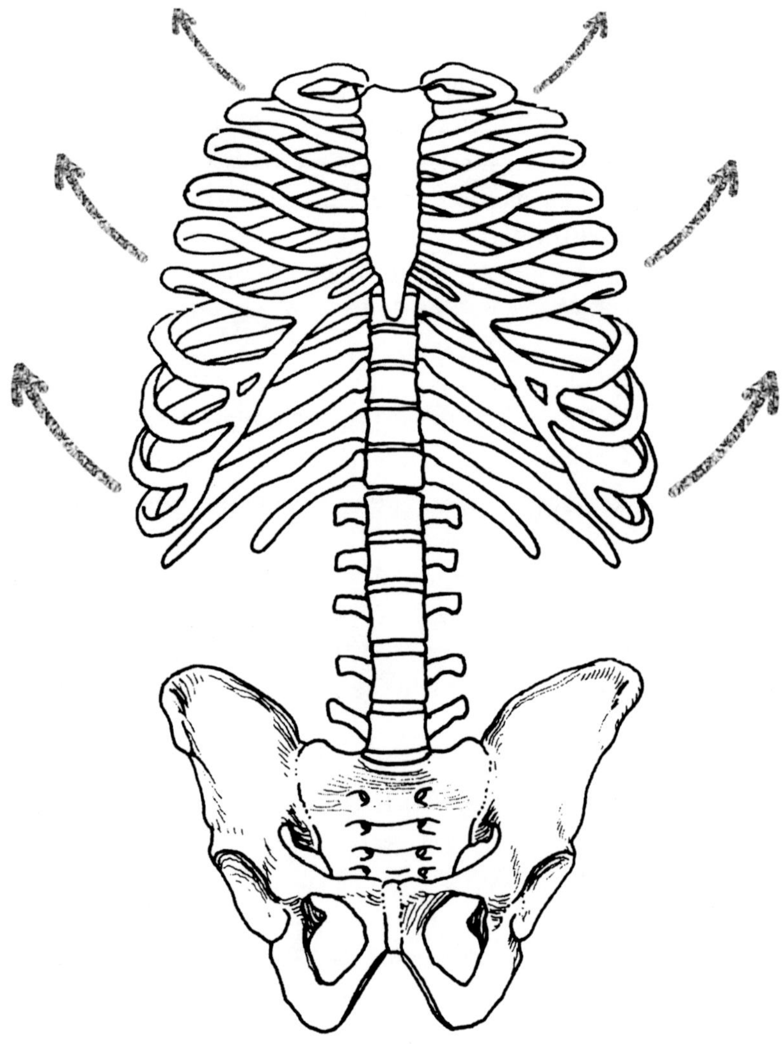

Dehnungstyp (Einatmer)

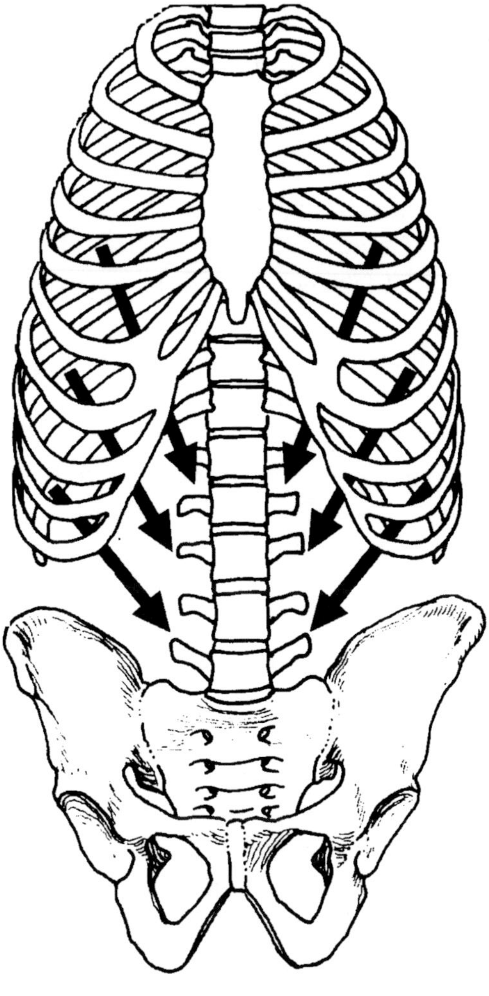

Verengungstyp (Ausatmer)

weiterung seiner Atemkapazität. Übertragen wir diese Qualitäten auf seine Sitzposition, so können wir davon ausgehen, daß es für ihn ausgesprochen gesundheitsförderlich ist, sich bequem in Sesseln und Sofas niederzulassen und anzulehnen. Der Einatmung wird dadurch Raum im gesamten rückwärtigen Brustkorb zur Verfügung gestellt.

Genau in dieser Region (Brustkorb) ist die auf aktive Verengung eingestellte Muskulatur des *Ausatmers* in vertikaler Richtung formgebend für seine Brust- und Lendenwirbelsäulenhaltung. Je mehr der Ausatmer dieser zentrierenden Verengungskraft seiner Ausatmung folgt und dabei das Gefühl von *Sich Niederlassen* – Wirbel auf Wirbel – in seiner Rückenhaltung verankert, desto aufrechter wirkt er. So versteht sich, daß wir bei ihm – analog seiner passiven Einatmung – von einer passiv wirksamen Aufrichtung sprechen können. Das hat Konsequenzen für seine Sitzposition. Nur wenn er diese so wählt, daß seine Wirbelsäule gerade aufgerichtet auf dem Kreuz »ruhen« kann, ohne nach »hinten auszubrechen«, wird seine aktive Ausatmung typenstimmig arbeiten können. Respektiert der Ausatmer diese »innere Stuhllehne«, kann die für die Ausatmung vorgesehene rückwärtige Flankenmuskulatur so arbeiten, daß sich die Atemkapazität über passives Einatmen regeneriert und erweitert. Das heißt, daß sich beim Ausatmer im Lendenbereich ein natürliches »Hohlkreuz« formen darf, während beim Einatmer dort eine Dehnung der Wirbel nach außen erlaubt ist. In unseren Seminaren stellen die Teilnehmer immer wieder überrascht fest, wie unterschiedlich die haltende Rückenmuskulatur beider Typen beschaffen ist. Wo bei den Ausatmern stark ausgebildete Rückenstrecker für die Aufrichtung sorgen, finden wir bei den Einatmern, in weiche dehnungsfreudige Muskulatur eingebettet, eine gut fühlbare Wirbelsäule.

Auch wenn die Haltung des Einatmers leicht als laxes Hängenlassen oder das Verlieren einer »ordentlichen« Haltung mißverstanden werden kann, bedeutet sie für ihn Regeneration und eine Quelle heiterer Gelassenheit.

Dennoch hindert die bewußte oder unbewußte Angst vor dem Urteil anderer viele Einatmer daran, in der Lendenwirbelsäule nachzugeben. Stattdessen versuchen sie sich, oft mit Hilfe von Rückenschule oder ähnlichen Therapien, mühsam gerade zu halten. Das muß *natürlich* zu vielen Problemen führen, ist doch die Muskulatur dieser Re-

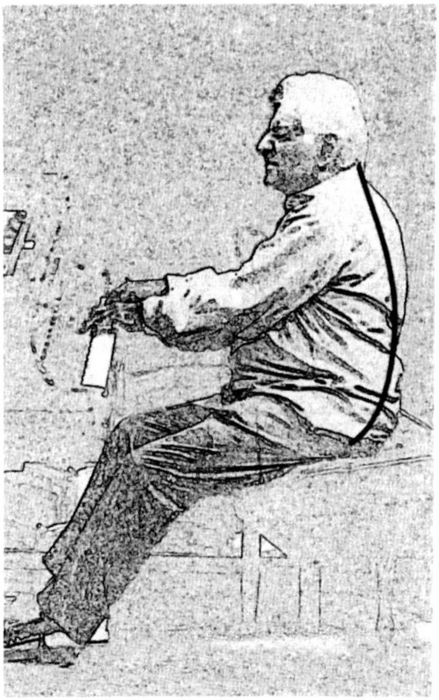

Einatmer in Aktion

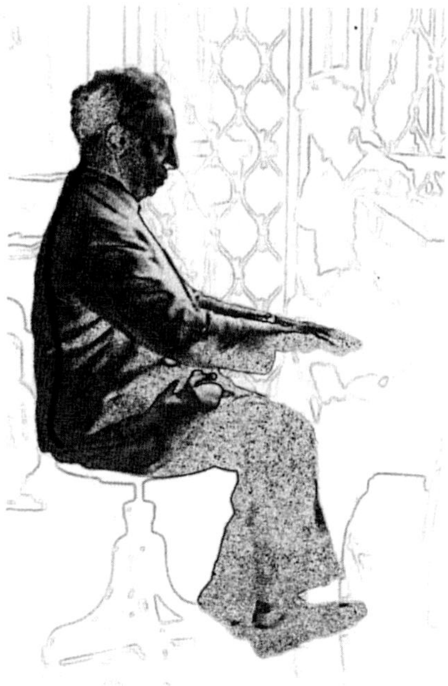

Ausatmer in Aktion

gion nicht für ein lineares Geradehalten geschaffen. Von Hexenschuß, über Ischiasschmerzen und Bandscheibenvorfälle bis hin zu Operationen spannt sich der Bogen der pathologischen Möglichkeiten.

Wie vielen Einatmern klingen noch die alten Erziehungsparolen von Großvätern und Großmüttern in den Ohren: »Kind, halt dich gerade.« Und nicht selten wird die Erinnerung an die regelmäßigen Sonntagsspaziergänge der Familie wach, bei denen sich der Stock des Großvaters in den Rücken bohrte, um eine kleine »Haltungsstütze« anzubieten und dem unbändigen, undisziplinierten Bewegungsdrang ein wenig Einhalt zu gebieten. Und sollte man es auch gewagt haben, Widerstand zu leisten, ist ein Familien-Haltungsmuster in der Regel verinnerlicht worden und paßt auch ganz gut in ein Selbstbild, das ohnehin von so mancherlei Unvollkommenheiten geprägt ist.

Wie entlastend ist da die Offenbarung, daß die »verbotene« Haltung nun auf einmal gesund sein darf. Und selbst wenn dies anfangs noch auf Skepsis stößt, ist es in seiner Anwendung beim Singen doch längst hörbar.

Ein Klang aus bislang verschlossenen Resonanzräumen blüht auf, sobald Rücken- und Lendenwirbelsäule die Erlaubnis bekommen loszulassen und die Stimme sich in wohliger Entspannung anlehnen darf.

Auch die Haltung des Ausatmers wird leicht mißverstanden. Was für den gesunden Einatmer wie ein qualvolles Martyrium ausschaut, ist für den Ausatmer Zentrum und Quelle seiner Ruhe und Kraft: das gerade, mühelose Aufrechthalten der Wirbelsäule auf dem Kreuzbein. Dies kann allerdings nur derjenige Ausatmer so empfinden, der sich ganz seinem Atemrhythmus (aktives Ausatmen und passives Einatmen) überlassen kann.

Hier aber macht sich oft ein für Ausatmer typisches Verhalten bemerkbar: *Die unbewußte Angst, die Einatmung vollständig dem Körper zu überlassen.* Das Gefühl, die vom Körper zugestandene Atemmenge könnte nicht ausreichen, hat Folgen für die Haltung: Mit jedem aktiven Einatmen verläßt der Ausatmer das Zentrum seiner Atmung, aus dem er naturgemäß die Kraft für seine Aufrichtung, für seine Haltung bezieht. Stattdessen »flüchtet« er vom Becken aufwärts in eine aktive Dehnungsbewegung des Brustkorbs. Damit gerät die Wirbelsäule an dieser Stelle – meist in der Gegend des 9./10. Brustwirbels – »aus den Fugen« ihrer natürlichen Statik, und die vertikal, auf dem Kreuz ruhende Kraft der Aufrichtung wird unterbrochen, blockiert. Die Wirbelsäule verliert an Halt, und ähnliche Probleme wie bei den Einatmern können die Folge sein.

Es ist kein Zufall, daß Ausatmer in ihrer Kindheit eher »Aufmunterungen« hörten wie: »Komm, sitz nicht so rum, beweg dich ein bißchen, mach was, tu was, von nichts kommt nichts« usw. Die so wertvolle zentrierende Kraft der Ruhe wurde empfindlich gestört, und stattdessen wurde ein Lebensgefühl geschaffen, das Selbstwert mit »Machen und Aktivsein« gleichsetzt. So wurde aktives Einatmen unbewußt als Notwendigkeit verinnerlicht. Von manchen Ausatmern die an unseren Seminaren teilnehmen, hören wir: »Wie soll ich denn ausatmen, wenn ich vorher nicht einatmen darf?« »Ich brauche das Einatmen für mein Gefühl« oder »Auf die Aktivität in meinem Brustkorb möchte ich aber nicht verzichten.« Und wenn sie singen, wird hörbar:

Sie »tun« viel zu viel. Ihre Gestaltungsambitionen stehen häufig so sehr im Vordergrund, daß sie darüber die Verbindung zu sich selbst und ihrem Körper verlieren. Erst wenn im Brustkorb Ruhe einkehrt, ändert sich die Qualität ihres »Tuns« und erfüllt ihren Gesang mit dem Glanz, der von innen aufsteigt, ganz ohne persönliches Wollen, einfach so, als Geschenk ihres Körpers.

Die Gründe, aus denen ein Sänger seine typeigene Haltung verläßt beziehungsweise »vergißt«, werden von seiner ganz persönlichen Geschichte geschrieben. Und auch der jeweilige Ausdruck in seinem Körper ist gewiß von sehr individuellen Nuancen geprägt. Aber allen gemeinsam ist, daß sich der individuell empfundene »Streß« in gegentypischen Bewegungen oder Haltungen ausdrückt und in der Regel nicht registriert wird. Ob der Ausatmer seinen Gesang mit unmerklichem Aufwärtswippen begleitet oder der Einatmer mit leichtem taktgebenden Auftreten seiner Ferse, allem typenwidrigen »Tun« ist eins gemeinsam: *Es verkehrt die Aktiv-Passiv-Verhältnisse im Körper, und mit ihnen ändert sich die Bewegungsrichtung, die für den Atemtyp prägend ist.*

Es verführt also zu einer gegentypischen Körperhaltung, die den Sänger von seiner Quelle der Kraft entfernt und Einbußen seiner Stimm- und Atemkapazitäten zur Folge hat. Wollen wir hier Abhilfe schaffen, so heißt das Arbeitsprogramm: *Umkehren der Aktiv-Passiv-Verhältnisse und Umkehren der Bewegungsrichtungen*, die den Gesang so spürbar einschränken.

Was vordergründig so klingen mag, als sei es eine Technik, bei der man den »Stecker einfach rausziehen und andersherum reinstecken« kann, gestaltet sich erfahrungsgemäß sehr schwierig. Wir erleben immer wieder, wie heikel und unberechenbar das Auflösen alter Gewohnheitshaltungen sein kann. Selbst wenn der Verstand die Veränderung schon längst plausibel findet, ist die Kraft der reaktiven Bewegung aufgrund der tiefverwurzelten Gewohnheit meist so stark, daß der Beschluß zur Veränderung noch lange nicht greift. Die Angst, *Halt*(ung) zu verlieren, hat eine große bindende Kraft. Weiß man doch nie, was danach kommt. Es braucht eine gewisse Zeit, bis die Kraft des *Festhaltens an Altem* sich wandeln und auflösen kann. Müssen doch unverarbeitete, unbewußte Erlebnisse, die preiszugeben zu schmerzhaft sein könnte, vor Enthüllung geschützt werden. Und dennoch gibt es eine andere Seite im Körper, die sich längst danach sehnt, die alte »Enge« aufzulösen und neues Terrain zu erkunden. Für das behutsame Auflösen dieser alten überlebten Begrenzungen, für diesen Prozeß der Umkehr wird sowohl Raum als auch Zeit benötigt. Die »hinter der Vermeidung« liegenden Ursachen wollen selbst bestimmen, wann sie ins Bewußtsein treten und der neuen Richtung Platz machen.

Kopf hoch – oder nicht?

Daß die Kopfhaltung für viele keine leichte Sache ist, erleben wir besonders bei der Arbeit daran. Gerade hier gibt es Blockierungen zu lösen, die als Resultat typenwidrigen »Festhaltens« der Muskulatur entstanden sind. Einbußen in Klang und Volumen der Stimme sind dann besonders gravierend. Kommen wir also zurück zu den Kräften, die Haltung und Bewegung des Kopfes bestimmen. Welche Bewegungen sorgen für eine körper- und atemökonomische Aufrichtung des Kopfes? Wie sind hier die »Aktiv-Passiv-Verhältnisse«? Welche Bewegungsrichtung fördert den jeweiligen Atemtyp?

Hier beziehen wir uns im wesentlichen auf die Halswirbelsäule und haben als erstes ein besonderes Augenmerk auf die ersten beiden Wirbel, die als Gelenke für die Beweglichkeit des Kopfes dienen. Das erste Wirbelgelenk, auch *Atlas* genannt, ist für das *Heben* und *Senken* des Kopfes zuständig. Das zweite, auch *Axis* genannt, verleiht die Fähigkeit, den Kopf zu *drehen*. Eine Beweglichkeit beider Gelenke steht in direktem Zusammenhang mit der Fähigkeit zur Stimmentfaltung. Ist die mit diesen Wirbeln verbundene Muskulatur[2] verspannt, so blockiert sie die Wirkung der kinästethischen Rezeptoren, die Träger von Empfindung und Räumlichkeit des Klanges sind.[3] Kopfresonanzen und Brillanz in der Stimme sind hörbar mit dieser Region verbunden. Beschäftigen wir uns nun mit dem Zusammenhang zwischen Atmung und dem Heben und Senken des Kopfes, so fragen wir außerdem nach der »formgebenden Kraft« für die Haltungsmuskulatur der Halswirbelsäule. Wie wirkt sie auf diese Bewegung ein – aktiv dehnend oder verengend?

Zur Veranschaulichung hier eine kleine Selbstbeobachtungsübung:

Setzen oder stellen Sie sich so entspannt hin wie im Moment möglich und halten Sie Ihren Kopf Ihrer Vorstellung nach »gerade«. Beobachten Sie einen Moment lang Ihre Atmung. Nehmen Sie wahr, ob jetzt gerade Ihre Ausatmung oder eher Ihre Einatmung aktiv und dominierend ist. (Beides ist für diese Übung in Ordnung!)
Beginnen Sie nun, ganz langsam – im Zeitlupentempo – das Kinn auf die Brust zu legen, und beobachten Sie, ob und wie sich Ihre Atmung und Befindlichkeit mit dieser Haltung verändert. Geben Sie dem ruhig etwas Zeit, und lassen Sie Ihren Kopf eine Weile (ein paar Minuten, nur solange es angenehm ist) unten, bis sich eine spürbare Wirkung einstellt.
Wird die Einatmung oder die Ausatmung angeregt? Fühlen Sie, ob sich diese Haltung auf Ihre Atmung einschränkend oder eher belebend auswirkt. Wo konzentriert sich die Blutzirkulation? Welche Empfindungen gehen damit einher – angenehme oder unangenehme? Spüren Sie, ob sich wohlige Wärme oder unangenehm stauende Hitze in Ihrem Gesicht ausbreitet.
Wie fühlt sich das Hängenlassen in Ihrem Hals an? Wie empfinden Sie das Dehnen der Wirbelsäule in diesem Bereich? Spüren Sie eine eher entspannte oder eine belastende Wirkung im gesamten Körper? Führen Sie nun sehr langsam – wieder im Zeitlupentempo[4] – Kopf und Hals aus dieser Position heraus und halten Sie einen Moment in Ihrer Normalposition inne.

Heben Sie das Kinn langsam aufwärts, so weit wie möglich und momentan angenehm – bis der Kopf im Nacken liegt.
Lassen Sie sich auch hier – dem Befinden entsprechend – Zeit zu beobachten, wie sich diese Haltung des Kopfes auf Ihre Atmung auswirkt. Beobachten Sie, ob Ein- oder Ausatmung verstärkt reagiert. Spüren Sie, wie sich diese Haltung auf Ihre Kopfdurchblutung auswirkt. Wo ist der Kopf besonders gut durchblutet und warm? Wie empfinden Sie ihn insgesamt? Wie wirkt das verstärkte Zusammenziehen der Hals-Nacken-Muskulatur?
Wenn sich eine spürbare Wirkung eingestellt hat, bewegen Sie Ihren Kopf – wieder sehr langsam – in eine Normalhaltung bezie-

hungsweise in die Position, in der er Ihrem aktiven Atem Raum gibt.

Welche Gesetzmäßigkeiten werden bei unterschiedlicher Kopfhaltung erfahrbar? Vermutlich ist schon deutlich geworden, daß es sich beim ersten Übungsteil um eine die Ausatmung stärkende Haltung handelt und beim zweiten um eine die Einatmung stärkende. Da die typgemäße Bewegungsrichtung hier extrem verstärkt ist, macht die daraus entstandene Position die Wirkung der aktiven form- und bewegungsverleihenden Kräfte des jeweiligen Atemtyps deutlich fühlbar, ob man diesem Atemtyp nun angehört oder nicht.

In unseren Ausführungen über die Grundatmung beider Typen haben wir bereits erwähnt, daß das *Senken des Kopfes die Ausatmungskapazität erweitert.*[5] Fühlbar wird, wie die Rippen des Brustkorbs geradezu »gezwungen« werden, sich zu senken, und damit jeder aktiven Einatmung Raum und Kraft genommen wird. Je länger der Kopf unten »hängt«, desto leichter wird die Ausatmung und desto kürzer und passiver wird die Einatmung. Mit dem Hängenlassen des Kopfes wird gleichzeitig spürbar, wie Dehnungs- und Verengungskraft hier arbeiten *müssen.*

Das Blut fließt in den vorderen Kopfbereich und sorgt für verstärkte Durchblutung des Gesichts, einer *wärmebedürftigen Dehnungszone.* Ebenfalls nach dem Prinzip der Dehnung arbeitet offensichtlich die *Hals-Nacken-Muskulatur.* So wird die ganze Muskulatur durch das Hängenlassen des Kopfes sicht- und fühlbar gedehnt und gibt den Wirbeln genügend Raum für lockere Beweglichkeit. Haut- und Muskelgewebe sind »dehnungsgemäß« eher nachgiebig und weich. Auch die Lippen, die für die Artikulation eine Rolle spielen, sind weich und dehnungsbedürftig.

Während Gesicht und Hals als Dehnungszonen erfahrbar werden, funktioniert der ganze Hinterkopf nach dem Verengungsprinzip. Das Blut konzentriert sich im Gesicht und gibt so dem Hinterkopf Verengungsmöglichkeit, was wieder dem Prinzip des Ausatmers entspricht. In dieser Gegend des Kopfes liegt auch das Atemzentrum, das die entsprechenden Impulse für den Atemrhythmus gibt. Wenn diese Qualitäten spürbar werden, kann das Senken des Kopfes für den Ausatmer sehr entlastend und entspannend sein.

Für den Einatmer dagegen muß diese Haltung auf Dauer unangenehm werden und eher Staugefühle verursachen. Für ihn ist der zweite Teil der Übung förderlich. Im Zusammenhang mit den Grundfunktionen der Atmung[6] haben wir schon erwähnt, daß das Heben des Kopfes die Einatmungskapazität erweitert. Durch diese Haltung wird das Heben der vorderen Rippen fühlbar verstärkt. Die Einatmung wird mit längerem Ablegen des Kopfes nach hinten also immer leichter, immer »zwingender« und die Ausatmung immer unbedeutender, immer passiver.

Das Blut kann in den *Hinterkopf* fließen und dort für verstärkte Durchblutung sorgen. Damit haben wir hier eine *Dehnungszone*, die wieder zum vorherrschenden Prinzip des Einatmers paßt – ist doch bei ihm in dieser Region auch das Atemzentrum zu Hause. Im Gegensatz dazu muß das *Gesicht verengend* veranlagt sein, denn wenn das Blut nach hinten fließt, müssen sich die Gefäße im Gesicht zusammenziehen können. Bei diesem Typ sind die Lippen als Artikulationsorgan ebenfalls auf aktive Spannung angelegt. Daraus folgt ein aus den Rückstellkräften der Lippenspannung resultierender Artikulationsimpuls.

Zusammenziehend ist auch die *Hals-Nacken-Muskulatur* beschaffen. Das sorgt dafür, daß die Wirbelsäule oberhalb des 7. Halswirbels in einer leichten Krümmung (Lordorse) gehalten wird, denn nur so ist sichergestellt, daß der Hinterkopf in der Normalhaltung besondere Durchblutung erfährt. All das macht deutlich, wie *die Beschaffenheit von Wirbelsäule und Halsmuskulatur durch Haltungsgewohnheiten regelrecht »geformt« wird.*

Wer Gelegenheit hat, einen Einatmer-Säugling zu beobachten, kann beobachten, mit welcher Lust und Kraft dieser seinen Kopf so weit nach hinten biegt, daß manchem Ausatmer schon vom Hinsehen mulmig wird. Dieses *Bewegungstraining* scheint sehr effektiv für die Kräftigung seiner Stimme. Dennoch durchzieht der Zweifel, ob ein aktives Zurückwerfen des Kopfes nicht schon grundsätzlich als Fehlhaltung zu bezeichnen ist, derzeit eigentlich alle von medizinischer Seite vertretenen Auffassungen. Und so mancher Einatmer leidet darunter. So berichtete eine lunare Teilnehmerin an einem unserer Seminare von ihrer letzten Geburt, wo ein rigoroses »Kopf auf die Brust« während der Preßwehen das Ausrenken mehrerer Halswirbel zur Folge hatte. »So etwas passiert schon mal!« war der Kommentar.

Die rhythmischen Kräfte von Verengung und Dehnung verändern also die Form der Wirbelsäule und passen sie ihren Gesetzen an. Für die Normalhaltung des Kopfes bedeutet dies, daß ein Ausatmer seinen Kopf tendenziell eher gesenkt hält und ein Einatmer eher angehoben. Selbst wenn sich die jeweils günstigste Position individuell verschieden ausprägt, läßt sich unschwer erkennen, daß ein Ausatmer seinen Blick eher auf einen Punkt unterhalb der Horizontale richtet und ein Einatmer oberhalb. Das muß nicht heißen, daß ein Ausatmer nur noch gesenkten Blickes und ein Einatmer nur noch als »Hans guck in die Luft« durch die Welt zieht, auch wenn sich eine Übertreibung gerade beim Singen vorübergehend durchaus förderlich auswirken könnte.

Kehren wir nun zur anfänglichen Übung zurück und widmen uns der Aktiv-Passiv-Struktur bei den Aufrichtungsbewegungen des Kopfes. Wir wissen inzwischen, daß das *Heben die aktive Bewegung für den Einatmer* und das *Senken die aktive Bewegung für den Ausatmer* ist. Was bedeutet dies konkret für unsere Bewegungsgewohnheiten?

Als ständig unbewußt ablaufende Alltagsbewegung kann das bejahende Nicken mit dem Kopf die Aktiv-Passiv-Gewohnheit gut demonstrieren. Die Wirkung dieser scheinbar kleinen Bewegung ist enorm, denn wird dabei der Atemtyp respektiert, läuft auch sie bei beiden Typen gegensätzlich ab. An dieser Stelle die Frage an Sie, lieber Leser: In welche Richtung nicken Sie? Aufwärts oder abwärts? Erlauben Sie sich den Versuch, diese beiden Richtungen in einer minimalen rhythmischen Bewegung zu erforschen. Welche Wirkung, welche Qualität körperlich wie emotional spüren Sie, wenn sie Kopf hebend ja sagen und welche, wenn Sie Kopf senkend ja sagen?

Was hier fast lächerlich anmuten könnte (»Mein Gott, nicken werden wir doch wohl alle gleich«), hat Folgen bis in die feinste Muskulatur des Kopfes. Und diese ist – wie wir schon erwähnt haben – nicht nur für die Beweglichkeit des Kopfes wichtig, sondern auch für Beweglichkeit in der Stimme. Und tatsächlich! Der Einatmer nickt »von Natur aus« Kopf hebend und der Ausatmer Kopf senkend. Und hier, in diesen minimalen, normalerweise unbewußten Bewegungen und Haltungen des Kopfes, sind die wirksamen Selbstsabotageprogramme verankert. Schließlich gibt es immer gute Gründe, die gewohnte Haltung zu rechtfertigen.

Wir arbeiteten mit einem Einatmer, 2,07 Meter groß, dessen gesenkte Kopfhaltung sich deutlich hörbar auf seine Stimme auswirkte. Auf die Bitte, seinen Kopf beim Singen langsam zu heben, reagierte er zunächst sehr unwillig mit den durchaus einleuchtenden Worten: »Ich kann doch bei meiner Größe nicht auch noch den Kopf heben, dann wirke ich ja noch abgehobener.«
Nach ihm kam eine Ausatmerin, 1,90 Meter groß. Obwohl sie in der scheinbar glücklicheren Lage war, ihren Kopf etwas geneigter tragen zu dürfen, trug sie ihn »zu hoch« und hatte beim Senken ihre Schwierigkeit. Als wir sie nach ihrer pesönlichen »Begründung« befragten, erhielten wir eine ebenso schlüssige Antwort: »Wieso? Ich bin doch auch jemand!«

So manifestieren sich gerade in der Kopfhaltung bei jedem andere wohlgehütete Seiten seines Selbstbildes. Sowohl das Gefühl des Einatmers »Selbstbewußtsein ist schädlich« als auch das Motto der Ausatmerin »Halt dich über Wasser« drückt nicht nur auf die Stimme. Und manchmal braucht es nur das Angebot der kleinsten rhythmischen Bewegung in die »richtige« Richtung, um große Wirkungen hervorzubringen.

Mund auf, aber wie?

Ein weiteres »Problemfeld« – gerade für Sänger – ist der Kiefer beziehungsweise das Funktionieren des Kiefergelenkes. Zwar wissen wir fast alle, daß man beim Singen den Kiefer »loslassen« oder entspannt öffnen soll – aber wie? So mancher Gesangslehrer oder Chorleiter hat immer wieder den einleuchtenden und mutmachenden Satz parat: »Wenn der Kiefer nicht ausreichend geöffnet ist, kann die schönste Stimme nicht zum Vorschein kommen.« Und nicht selten geht bei einer solchen Aufforderung, den Mund beim Singen zu öffnen, der Kiefer noch mehr zu. Die Kiefermuskulatur übt die stärkste unbewußte Kontrolle aus. Man nennt den großen Kaumuskel (*M. masseter*) nicht umsonst den stärksten Muskel des Körpers, und gerade Zähneknirscher wissen sehr wohl, wie zerstörerisch diese Kraft wirken kann. Die Mund- und Kiefermuskulatur verhindert gewissermaßen als letzte Instanz, daß »allzu Persönliches« (in Form ungewollter Emotionen) den Körper verläßt. Daß dies Auswirkungen auf die Qualität unserer Stimme hat, dürfte wohl niemand anzweifeln.

Die in diesem Bereich wirkenden Aktiv-Passiv-Verhältnisse sind in Verbindung mit der Kopfhaltung zu beobachten. Die Richtung, die für die Kopfhaltung maßgeblich ist, wirkt gleichermaßen auf den Kiefer:

> Der Ausatmer senkt aktiv den Kopf und öffnet damit einhergehend den Mund aktiv über die Bewegung seines Unterkiefers. Er hebt (im Sinne eines Zurückgehens in die Ausgangsposition) den Kopf passiv und schließt den Kiefer (vom Unterkiefer her) ebenfalls passiv. Der Einatmer hebt aktiv den Kopf und öffnet damit einhergehend den Mund aktiv über die Bewegung seines Oberkiefers. Der Schädel wird also über den Atlas nach hinten gekippt. Er hebt (im Sinne eines Zurückgehens in die Ausgangsposition) den Kopf passiv und schließt den Kiefer (vom Oberkiefer her) ebenfalls passiv.

Dies hat enorme Folgen für die Erschließung der Kopfresonanzräume beim Singen. So öffnet der Ausatmer – entsprechend seiner sonst auch üblichen Richtung – den Unterkiefer aktiv zum Singen. Er *führt ihn* während des Singens zum Öffnen. Tut er das nicht aktiv und bewußt, so schließt sich der Kiefer unmerklich, was sich dämpfend auf Sprache und Intonation auswirkt. Vokale werden verdunkelt, die Intonation schwankt, und Brillanz in der Stimme bleibt aus.

Für Einatmer ist die Vorstellung, den Kopf beim Singen aktiv zu heben, meist ungewohnt, aber sehr öffnend für den Raum *nach oben*. Öffnen sie dagegen aktiv den Unterkiefer, so stellt sich bei ihnen sehr schnell ausatmendes Singen ein, was wiederum Druck auf den Kehlkopf schafft und Kraft und Klang kostet. Aktiv aufwärts öffnendes Bewegen des Kiefers verschafft ihnen einen natürlichen Zugang zu Leichtigkeit und *knackiger* Stimme.

Stop and Go

Kommen wir nun zum Stehen und Gehen und schauen, welche Komponenten sich dabei typenfreundlich auswirken. Das Stehen ist für manchen Sänger eine enorme Herausforderung. Für Chorsänger geht es nicht nur um ein Stehvermögen beim Singen selbst, sondern vor allem auch um die langen Zeiten, in denen sie nicht aktiv an der Musik mitwirken, aber dennoch stehen müssen. Und dieses Stehen kann lang werden, vor allem, wenn sich alle Beschwerden der letzten Jahre zu Wort melden. Ob Kniebeschwerden oder das leidige Kreuz, das kleinste Problem kann schnell zum Martyrium werden und so die Musik verleiden. Richtiges Stehen (im Sinne des Atemtyps) hat zur Folge, daß der Atem und die entsprechende Muskelarbeit die Haltung unterstützen, bis das Stehen kaum noch als Anstrengung empfunden wird, weil die Energie ungehindert durch den Körper fließen kann und nicht durch eine falsche Haltung oder Bewegungsrichtung in den Gelenken blockiert wird.

> »Für den guten ›Gebrauch‹ ist es entscheidend zu verstehen, wie alle Gelenke funktionieren. Unsere Gelenke ermöglichen nicht nur unsere Bewegungen, sie sind auch Zentren unseres kinästhetischen Feedbacksystems. Wird ein Gelenk falsch gebraucht, so wird die kinästhetische Information, die das Gehirn von ihm empfängt, verzerrt, was dann zu weiterem Fehlgebrauch führt. Tatsache ist, daß wir im allgemeinen nicht wissen, wo sich die wichtigsten Gelenke des Körpers befinden; und dementsprechend mißbrauchen wir uns selbst.«[7]

Auch hier gilt: *Wir suchen jene Haltung, die eine aktive Atmung unterstützt.* Das heißt, der Ausatmer steht so, daß seine rückwärtigen Flankenmuskeln aktiv an der Ausatmung arbeiten können, und der Einatmer steht so, daß der aktiven dehnenden Brustkorbbewegung nichts im Wege steht.

Spüren Sie im Stehen nach, ob Ihr Atem über Ihren momentan aktuellen Rhythmus Auskunft erteilt. Ausatmer können eine Hand an die rückwärtige Flanke oberhalb des Beckens legen und auf diese Weise sehr schnell kontrollieren, ob ihre Muskulatur hier aktiv ist. Ist die Ausatmungsaktivität auf die Bauchmuskulatur beschränkt, so mag das Ausatmen zwar funktionieren, nicht aber das Regenerieren über die passive Einatmung.

Einatmer können zur Überprüfung eine Hand auf den Brustkasten legen und hier fühlen, ob Brustbein und Rippen sich heben.
Und dann schauen oder fühlen Sie, welche Situation Sie in den Gelenken von Füßen, Knien und Becken antreffen.

In diesem Zusammenhang kommen wir zu einer weiteren, auch von Erich Wilk entdeckten *Gesetzmäßigkeit der Gelenke.*[8] Wie wir bereits im Zusammenhang mit der Kopfhaltung erläutert haben, werden die Polaritäten von Verengung und Dehnung in den jeweiligen Körperzonen durch Bewegung und Körperhaltung stimuliert.[9] Diese Stimulanz geschieht durch das Prinzip der Abwechslung. Beim Ausatmer bewirkt die Verengung im Brustkorb eine Dehnung im Becken und wiederum ein Verengen in den Beinen. Aufwärts folgen dem verengenden Brustkorb der dehnende Hals/Gesichtsbereich und der verengende Hinterkopf. Dabei ist gleichgültig, welche Zone gerade angeregt wird. Beim Einatmer sind die Verhältnisse umgekehrt.

In den Gelenken erfahren wir die abwechselnde Beugung und Streckung als eine die Atmung und Muskelarbeit stimulierende Funktion. Im Stehen können wir erleben, daß ein Beugen oder Strecken der Knie die Atmung blockieren oder anregen kann.

Als Ausatmer gehen Sie nun in ein leichtes Beugen der Knie und beobachten die Wirkung auf Atmung und Körper. Das Gewicht verlagert sich mit dieser Bewegung auf Oberschenkel und Vorderfuß, das Becken kann sich dehnend nach hinten ausrichten. Der Kraft der aktiven Ausatmung steht nun in den Gelenken der Beine nichts mehr im Wege. Die Stimulanz in der Flankenmuskulatur kann wirken und die aktive Ausatmung mit passiv folgender Einatmung in Gang setzen.

Die vertikal ausrichtende statische Kraft verbindet sich in dieser Haltung mit einer in den Boden federnden Qualität. Dies gibt Ihnen als Ausatmer mit jedem neuen Ausatmungsimpuls eine wohltuende Bodenständigkeit, die innere Sicherheit und Zentriertheit ermöglicht.

Als Einatmer gehen Sie langsam in das Strecken der Kniegelenke, ein aktives entspanntes Geradehalten.[10] Das Gewicht verlagert sich mit dieser Bewegung auf die Fersen, deren fester Kontakt zum Boden einen klaren Impuls zur Einatmungsbewegung ermöglicht. Der Brustkorb wird dadurch in ständiger Dehnungstendenz gehalten. Auf diese dynamisch wirkende Kraft reagiert das Becken auf seine Weise, nämlich verengend und sich leicht nach vorn schiebend. Die aktive Einatmung mit passiv folgender Ausatmung kann arbeiten und auch im Stehen eine Dynamik und Leichtigkeit ermöglichen, die mit regenerierender, aus dem Boden aufsteigender Gelassenheit einhergeht.

Die Musik wiegt – das Notenhalten

Das Halten schwerer Notenblätter kann die Belastung im Stehen noch zusätzlich verstärken. Nicht überall können Sänger ihre Notenständer auspacken, die sich in Höhe und Entfernung entsprechend verstellen lassen. Chorsängern fehlt es dafür fast immer an Platz. Die Arme, die die schweren Partituren halten müssen, werden also lahm und verursachen Verspannungen im ganzen Körper, die dem Gesang natürlich alles andere als förderlich sind.

Werfen wir daher einen Blick auf die Gesetzmäßigkeit von aktiver Beugung und Streckung in den Armen und Händen. Vielleicht probieren Sie es gleich wieder selbst aus:

> Stellen Sie sich Ihrem Atemtyp entsprechend hin und nehmen Sie Ihre Noten wie gewohnt in die Hand. Bewegen Sie Ihre Ellenbogen nun aktiv vom Körper weg, leicht nach außen vorn, so daß sich die Unterarme etwas zueinander hin bewegen, und nehmen Sie die Wirkung dieser Haltung wahr:
> *Die Ellenbogen sind gebeugt, Schulter- und Handgelenke tendenziell gestreckt, die Rippen senken sich leicht, die Ausatmung wird gestärkt.* Halten Sie nun Ihre Noten mit gestreckten Ellenbogen gerade nach vorn und nehmen Sie diese Haltung in ihrer Wirkung wahr: *Die Ellenbogen sind gestreckt, Schulter- und Handgelenke sind tendenziell gebeugt, der Brustkorb hebt sich, die Einatmung wird gestärkt.*

Beim Einatmer ist die innere wie äußere Beweglichkeit jeder Haltung besonders zu erwähnen. Gerade für ihn als Dynamiker ist von Bedeutung, daß sich jede Bewegung passiv regeneriert. So wie der Brustkorb beweglich agieren und nachgeben muß, so muß beim Halten der Noten das Nachgeben der Ellenbogengelenke, d. h. ihr passives Beugen das aktive Strecken immer wieder ablösen.

Beim Ausatmer hingegen ist die Ruhe – innen wie außen – hervorzuheben. Für ihn als Statiker ist die Sammlung und Gelassenheit wichtig, die er durch seine spezifische Haltung zum Ausdruck bringt. Bei ihm kann aktives Beugen der Ellenbogen in Kombination mit passivem Strecken den Eindruck von Stabilität und Profundität vermitteln – in der Position und ebenso in der Stimme.

Ach du meine Seite – Lateralitätsunterschiede

Kommen wir nun zu einem weiteren atemtypisch bedeutsamen Aspekt, zur *Lateralität* oder *Rechts- Linksdominanz* im Körper. Welche Seite im Körper sorgt für Balance in der Koordination von Atmung, Stimme, Bewegung, geistigen Fähigkeiten und allen übrigen Funktionen des Organismus? Aus der Sprachentwicklungsforschung wie auch aus der Erforschung der Gehirnhemisphären wissen wir, daß eine klare Dominanz im Körper Voraussetzung für eine balancierte störungsfreie Entwicklung ist. Auch wenn wir darüber nicht ausführlicher berichten können, kommt uns dieser Aspekt in unserer Arbeit sehr entgegen. Er bestätigt zum einen unsere Erfahrung mit den Auswirkungen des Polaritätsgesetzes, nämlich, daß nur die klare rhythmische Bezogenheit auf einen Typ den Zugang zu innerer Balance ermöglicht. Zum anderen gehört gerade der Umgang mit dieser Rechts-Links-Bezogenheit zu den erfahrbaren Qualitäten, deren Berücksichtigung sich sehr förderlich auf Atmung und Stimme auswirkt.

Beziehen wir dies wieder auf ein müheloses Stehen, so stellt sich als erstes die Frage: Welches Bein ist gewohnheitsgemäß Ihr Standbein, welches Ihr Spielbein? Im Zusammenhang mit den Atemtypen sprechen wir hier auch von *Kraftseite* und *geistig impulsgebender Seite*. Sie ahnen sicherlich schon, daß es für beide Typen ein atemförderliches und ein atemhinderliches Verhalten gibt. Das Thema der sogenannten »Kraftseite« läßt sich auch erfahren an der Frage: Auf welcher Seite fällt das Tragen von schweren Taschen, Kindern, schweren Noten, Instrumenten etc. leichter? Auf der rechten oder auf der linken? Vorausgreifend sei gesagt: *Der Ausatmer hat seine Kraftseite links und der Einatmer rechts.*

Gewicht auf der typeigenen Seite wird mit Hilfe der Atmung getragen und stärkt die Stimme wie auch den gesamten Organismus. Gewicht auf der gegentypischen Seite wird gegen die natürliche Kraft der Atmung getragen und schwächt Stimme, Kraft und gegebenenfalls die Gesundheit. So sorgt ein längeres Stehen auf dem linken Bein für verstärkte Ausatmung, während ein längeres Stehen auf dem rechten Bein für verstärkte Einatmung sorgt. Was hat es in diesem Zusammenhang mit der Qualität der anderen Seite, der Seite des sogenannten Spielbeins auf sich?

Lassen Sie uns noch eine weitere Bewegungsart streifen, das *Gehen.* Gehen kann ermüden oder beleben. Denken Sie an die unterschiedlichen Wirkungen eines Waldspaziergangs und eines hektischen »Stadtbummels«. Was macht den Unterschied aus? Ist es einfach das Phänomen »Streß«? Sicher, aber vielleicht läuft hier unbewußt noch etwas ab, das sich wahrzunehmen lohnt. Welche Selbstwahrnehmung kann ein bißchen Farbe, ein bißchen Bewußtheit in alte Gewohnheiten und deren Bewertung bringen? Machen Sie sich an dieser Stelle einmal bewußt, mit welchem Bein Sie gewohnheitsmäßig losgehen. Vielleicht sagt ja der Volksmund nicht umsonst: »Der ist mit dem falschen Bein aufgestanden.«

In unseren Seminaren stellen wir immer wieder verblüfft fest, wie sehr das »falsche« Bein beim Losgehen den gesamten Bewegungsablauf bestimmt und für Erschöpfung, Verspannung und Hektik bis hin zu schlechter Laune sorgt. Es scheint wie in der Musik: Ein »schlechtes Hineinkommen« – und sei die Verzögerung noch so klein – läßt dem ganzen Stück keine Chance. Ein verkorkster Rhythmus läßt sich nie ausbügeln!

Stehen Sie also mit dem »richtigen« Bein auf, und Sie werden sehr bald erleben, wie der atemtypische »Geh-Rhythmus« auch Ihren Gang beflügelt. Sie erkennen Ihren Rhythmus vielleicht auch daran, daß Sie, ohne zu ermüden, immer weiter gehen und sogar im Gehen singen können, ohne außer Atem zu kommen, und daß sich – so ganz nebenbei – vielleicht sogar die Stimmung hebt und gute Laune aufkommt. Daher: *Der Einatmer beginnt mit dem linken Fuß und geht linksbetont. Der Ausatmer beginnt mit dem rechten Fuß und geht rechtsbetont.*

Beachten Sie darüber hinaus noch die typgerechte Dynamik, so ist dem Gefühl der Leichtigkeit keine Grenze gesetzt ... Fühlen Sie, welches Ihre Gangart ist. Jene, die zu Ihrem Lebensgefühl paßt. Ist sie eher gesetzt und schreitend oder schnell und »knackig«. Und seien Sie selbstverständlich tolerant! Denn sollten Sie in der Wohnung über oder unter sich ohrenbetäubende, fersenbetonte, schnelle Schritte vernehmen, so haben Sie es mit einem Einatmer zu tun, der in seinem Element ist. Bei Ausatmern würde man so etwas natürlich nie hören.

Körperarbeit ...

In jedem Menschen steckt ein Sänger oder eine Sängerin! Das mag kühn klingen, ist aber eine unserer Grundannahmen, die natürlich Konsequenzen für unsere Arbeit hat. Wir alle werden mit einem stimmlichen Potential geboren, und zunächst ist nicht einzusehen, warum dieses Potential nicht auch im Laufe unseres Lebens erhalten bleiben und darüber hinaus voll genutzt werden kann. Konkret: Wenn jemand als Baby eine ganze Nacht hindurch schreien konnte, ohne daß seine Stimme dabei Schaden genommen hat, so ist das sicherlich ein Zeichen für ein enormes stimmliches Potential. Und wenn dieser Jemand zum Beispiel später in seinem Beruf als Lehrer einen ganzen Vormittag lang spricht und seine Stimme danach rauh, heiser oder sonstwie angegriffen ist, so ist das ein Hinweis darauf, daß er einiges von seinem ursprünglichen Potential eingebüßt hat. Wie kann das sein, und wie kann es verändert werden?

Im Laufe unseres Lebens reifen wir. Kindlich, jugendlich, erwachsen und alt lauten die Stationen einer Reise, auf der unser ursprüngliches Potential allerlei Umformungen erfährt. Die Linien in einem gereiften Gesicht legen Zeugnis davon ab. Die vielen Eindrücke und Erfahrungen, die ein Mensch im Laufe seines Lebens angesammelt hat, haben es *gezeichnet*. Und so bringen wir ein Gesicht ganz direkt in Verbindung mit der Art und Weise, wie ein Mensch lebt oder gelebt hat. Ob er mit sich im Einklang ist, ob er gefunden hat, was er suchte, das Gesicht zeigt es uns wie ein Spiegel.

Auch die Stimme ist ein Spiegel oder besser ein Echo für jeden, der hören kann. Wenn wir mit einem Menschen telefonieren, den wir noch nicht kennen, machen wir uns automatisch ein Bild von seinem Wesen. Manche Stimmen ziehen uns an, andere stoßen uns ab. Wir hören Freude und Erregtheit ebenso in der Stimme wie Trauer, Enttäuschung und Niedergeschlagenheit. Die Stimme kann daher als *Konzentrationspunkt* bezeichnet werden, in dem die verschieden Fäden einer Person zusammenlaufen, der Punkt, von dem aus der Mensch allen Aspekten seiner selbst in konzentrierter Form Ausdruck verleiht.

Das, was Stimme ist, kann unter verschiedenen Blickwinkeln ganz unterschiedlich betrachtet werden. Ein Hals-Nasen-Ohren Arzt wird sicherlich völlig andere Ausgangsbedingungen für sein Herangehen an Stimme haben als jemand, der andere darin trainiert, Verkaufsgespräche stimmlich-psychologisch optimal abzuwickeln. Ein Gesangslehrer legt andere Wertmaßstäbe an als ein Rhetoriktrainer, und bei vielen Priestern hören wir, daß ihr Zugang zur Stimme ein absolut eigener ist. Demzufolge kann man sich auch in der Aufmerksamkeit auf das, was Stimme oder den Umgang mit Stimme ausmacht, unterschiedlich spezialisieren. So ist für den einen entscheidend, daß die Muskeln innerhalb des Kehlkopfes ein für die Stimme optimales Arbeiten gewährleisten, während dem anderen das »Rüberbringen« der psychologischen Botschaft wichtig ist. Entsprechend der jeweils unterschiedlichen Intention formulieren sich auch die verschiedenen Kriterien, nach denen ein Stimmtraining betrieben wird.

Für uns ist die Stimme das Resultat bestimmter Körperprozesse. Wir könnten es sogar noch überspitzter ausdrücken, indem wir behaupten, die Stimme sei lediglich das Nebenprodukt von Vorgängen auf unterschiedlichen Ebenen[1], die sich letztlich alle auf eine Basis – unseren Körper – beziehen lassen. Daher bedeutet Stimmarbeit für uns Körperarbeit. Und unter Körperarbeit verstehen wir ein Umgehen mit den verschiedenen Dimensionen des Menschseins, welche als Produkt die Stimme hervorbringen. Ist dieses Produkt nun Nebenprodukt, ist es Haupt- oder Endprodukt oder ist es schlicht ein Tor, ein Medium für den Einzelnen auf seinem Weg »nach draußen«, in den Kommunikations- oder Interaktionsprozeß?[2] Das alles ist vielleicht nicht so entscheidend. Eines jedoch ist ganz wesentlich: Stimme und Körper gehören zusammen und sind untrennbar miteinander verbunden.

Das Prinzip der Atemtypen bezieht sich auf den Körper, ist ebenso wie die Stimme mit ihm verbunden. Wir haben an anderer Stelle bereits beschrieben, wie die Dehnungs- und Verengungskräfte wesentlich an der Gestaltung und Formgebung des Lebens beteiligt sind.[3] Nachdem wir dieses formgebende Prinzip erst einmal grundsätzlich erkannt und akzeptiert hatten, folgte daraus, daß wir für unsere Arbeit als Stimmbildner einen Weg finden wollten, diese von der Natur selbst zur Verfügung gestellten Kräfte für ein Körperarbeitsprogramm zu nutzen. Das theoretische Grundprinzip war bestechend einfach, die praktische Umsetzung jedoch verlangte ein langes und sehr genaues Hinsehen und Hinhören. Das Erstaunliche dabei war, daß sich die

Grundprinzipien niemals veränderten, selbst dann nicht, wenn wir mit unseren Versuchen, es hinzukriegen, so manche Verbiegung unternahmen. Letztlich kamen wir immer wieder zum Ausgangspunkt zurück – zum Prinzip der Gegensätze.

Das bedeutete natürlich auch, daß wir mit der Tatsache anders umgehen mußten, daß Menschen Verspannungen aufbauen, die sie in ihrer Funktionalität und Leistungsfähigkeit einschränken. Auch hier war zu erkennen, daß das »Errichten« von Blockaden (z.B. in Form von Muskelverhärtungen) nach einem bestimmten Gesetz funktionierte. Und dieses Gesetz läßt sich beschreiben als der *Widerstand gegen die formgebenden Kräfte der Natur!* Arbeitet ein Mensch mit seinem »freien Willen« gegen die formgebenden Kräfte der Natur, so baut er entsprechende Verspannungen auf. Diese Blockaden sind sozusagen Hindernisse auf dem Wege zur Kraft, welche die Entfaltung von Potential zusätzlich erschweren. Konkret und im Sinne der Typenlehre machen diese Hindernisse sich unter anderem durch eine Umpolarisierung der Körperzonen bemerkbar. So werden z. B. aus Verengungszonen (etwa durch aktives Einatmen bei Ausatmern) Dehnungszonen gemacht und umgekehrt aus Dehnungszonen (etwa durch aktives Ausatmen bei Einatmern) Verengungszonen. Hier wird – ob bewußt oder unbewußt – versucht, die von der Natur zur Verfügung gestellten Formgebungskräfte umzukehren. In der Folge finden sich sehr schnell Verhärtungen in Bereichen, die im Hinblick auf ein gutes Funktionieren eigentlich weich und geschmeidig sein sollten. Ebenso ergeben sich Muskel- und Gewebsdilatationen (Erschlaffungen) in Verengungszonen, also dort, wo hinsichtlich eines guten Funktionierens die gesunde Spannung erforderlich wäre. Mit anderen Worten: Das normale körperliche Gleichgewicht von Spannung und Entspannung wird empfindlich gestört, was in der Regel längerfristig Krankheit nach sich zieht. Natürlich können Verspannungen, Blockaden oder Körperpanzerungen jederzeit wieder aufgelöst und abgebaut werden, jedoch muß man auch hierbei die naturgemäßen Vorgaben beachten. Als eine Konsequenz für unsere Arbeit ergibt sich daraus, daß

> Verspannungen in Kontraktionszonen (Kaltzonen) nur dann effizient aufgelöst werden können, wenn sie mit dem gleichen Prinzip,

nämlich Kontraktion oder Kälte, behandelt werden. Verspannungen in Dehnungszonen (Warmzonen) können nur dann wirksam und nachhaltig aufgelöst werden, wenn sie ebenfalls mit dem gleichen Prinzip, nämlich Expansion oder Wärme, behandelt werden.

Betrachten wir also nun, welche praktischen Konsequenzen und Notwendigkeiten sich aus dem Erkennen der Polaritäten für die Körperarbeit ergeben. Welche Möglichkeiten haben wir, unser eingangs erwähntes Potential als Sänger oder Sängerin zu entfalten? Wie können wir erreichen, daß wir unsere bei der Geburt erhaltenen Fähigkeiten nicht zudecken oder zudecken lassen? Was heißt es, sich körperlich-stimmlich *fit* zu halten und eben nicht in Verschleiß, Dysfunktion oder gar Krankheit abzurutschen? Körper und Stimme gehören zusammen, und daher verlangt die Entfaltung der Stimme nach der Entwicklung körperlicher Fähigkeiten – im Sinne einer Nutzung der von der Natur zur Verfügung gestellten Kräfte *Dehnung und Verengung.*

... für den solaren Typ

Der solare Typ ist der Verengungstyp.[3] Diese Bezeichnung trifft den Ausatmer nicht ganz zufällig, sind doch die größten Zonen seines Körpers – Hinterkopf, Brust, Rücken, Arme und Beine – gewissermaßen auf dieses Prinzip *eingestellt.*[4] Haut, Gewebe, Muskeln und Gefäße »funktionieren« über die Kontraktionstendenz und können dadurch, z. B. über Kälte, auch angeregt werden. Die Wirbelsäule wird von der Rückenmuskulatur *gepolstert*, was zu der typgemäßen (aufgerichteten) Haltung führt[5]. Natürlich hat der solare Typ auch Dehnungszonen: Gesicht, Hals, Nacken und Becken. Diese bedürfen der Wärme und Weitung, und daher wäre Verengung hier *kontraproduktiv.*

Daraus folgt für den Ausatmer, daß er an Hinterkopf, Brust, Rücken, Armen und Beinen kräftig (im Sinne von *die jeweilige Körperpartie verengend*) angefaßt werden kann, und an Gesicht, Hals, Nacken und Becken alles gern hat, was die spezifische Weitungstendenz dieser Regionen fördert. Schauen wir uns das nun im einzelnen an.

Solares Potential wird über die Verengung des Brustkorbes (Unterstützung der Ausatmung) gefördert. In diesem Sinne ist alles hilfreich, was den Brustkorb (also Brust und Rücken) verengt, und ebenso alles, was die Rippensenker, also die Muskulatur, die für die Ausatmung aktiv sein muß, stimuliert.

Liegt der solare Typ in seiner Dispositionslage[6], so sind durch sein eigenes Körpergewicht in Verbindung mit der Gravitation gute Voraussetzungen für eine Brustkorbkontraktion gegeben. Richtet der Ausatmer die Aufmerksamkeit auf seine tieferen Körperregionen, also Flanken-, Lenden- oder Beckenbereich, so kann er die Einatmung leichter passiv geschehen lassen. Die Einatmung füllt, d. h. weitet den Körper nach unten hin (siehe Becken).

Die Ausatmung kann zusätzlich unterstützt werden, indem ein Partner seine Hände auf den Rücken des Übenden legt und die Rückenmuskulatur massiert beziehungsweise immer wieder kon-

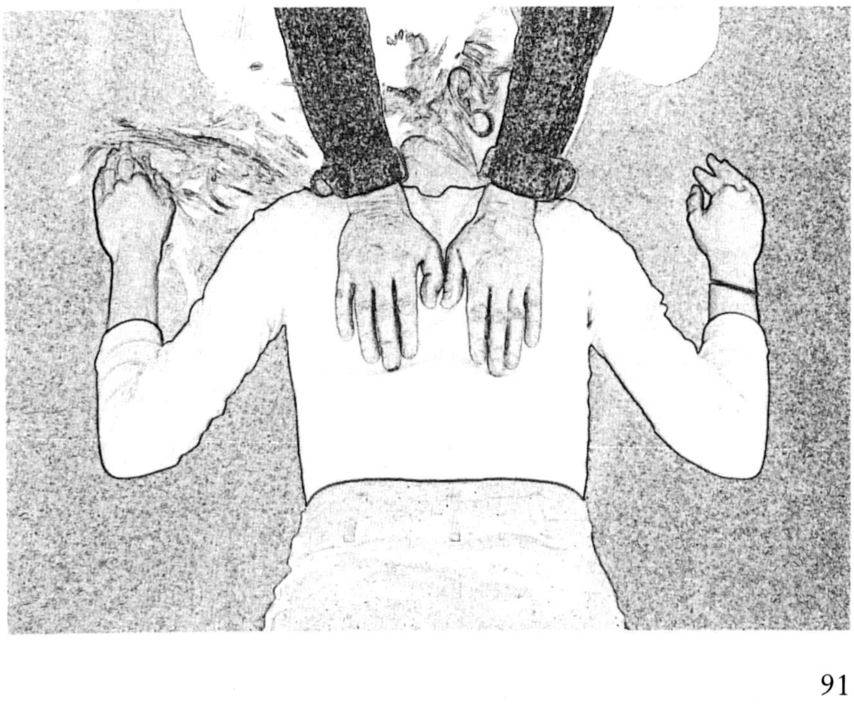

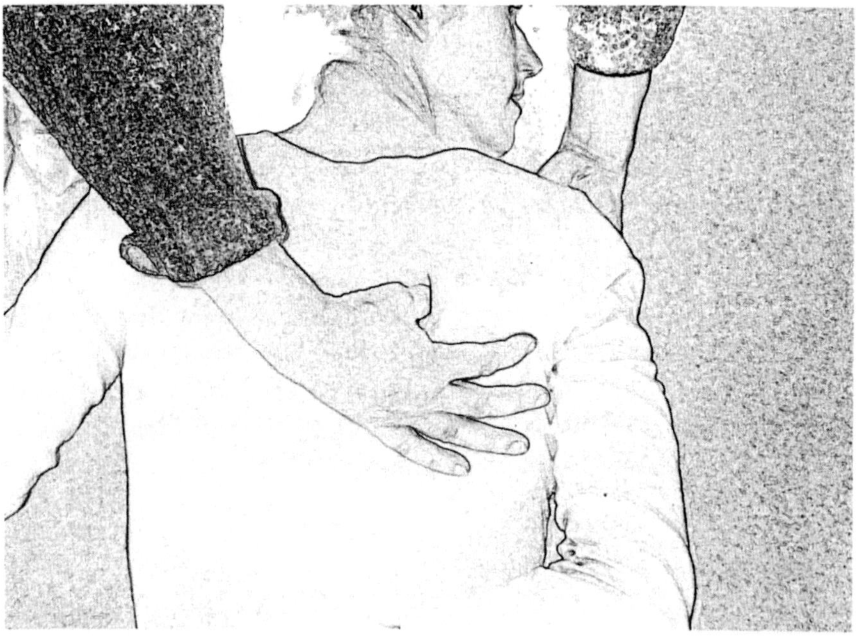

trahiert. Auch um das Schulterblatt herum und sogar darunter kann massiert werden. Die Massage kann ohne weiteres kräftig sein, denn der gesamte Rücken eines Ausatmers verträgt ein kräftiges Handanlegen. Da wir die Arme in gewisser Weise als zum Brustkorb zugehörig verstehen können (besonders die Oberarme sind eine Art Verlängerung des Brustkorbes), ist es immer wohltuend, sie ähnlich wie den Brustkorb gut und kräftig zu massieren.

Allerdings empfehlen wir, den Bogen nicht zu überspannen. Es kommt nicht auf maximalen, sondern auf optimalen Druck an. Wenn der Massierende den Körper seines Partners mit optimalem Körpereigengewicht und entsprechendem Massagedruck bearbeitet, kann dieser erfahrungsgemäß herrlich entspannen. Die Last wird von seinen Schultern (von seinem Rücken) genommen und sein Brust-Rückenbereich wird geschmeidig, die Muskulatur beweglich und in der Folge besser funktionsfähig, was sich in einer subjektiven Vergrößerung der Atemkapazität bemerkbar machen kann – durch mehr Raum und größere Beweglichkeit.

Das Becken

Das Becken gehört beim solaren Typ zur Warmzone. Hier sind alle sanften, weichen und dehnenden »Maßnahmen« hilfreich zur Förderung und Entfaltung des solaren Potentials. Sie »locken« die Aufmerksamkeit des Ausatmers in diese für ihn wichtige Region.

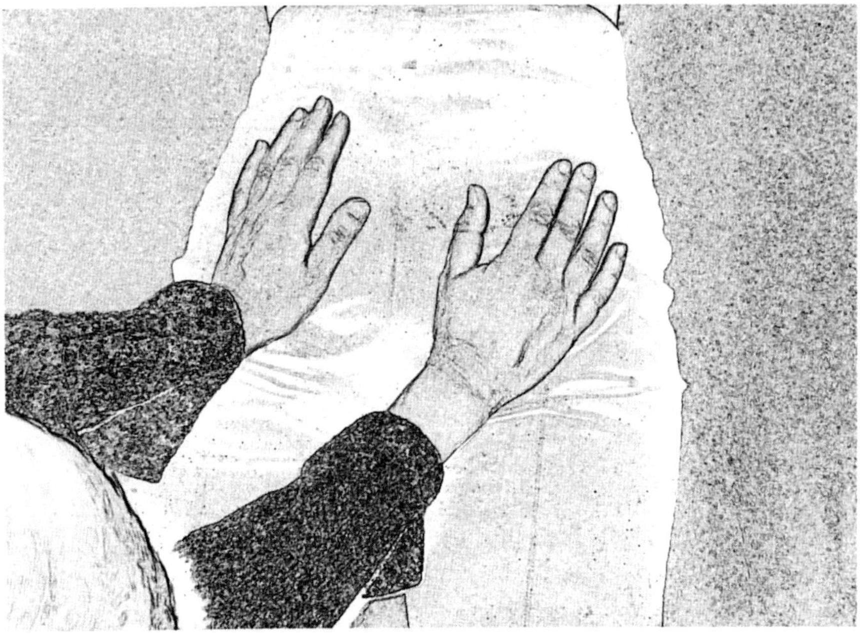

Oftmals reicht es daher schon aus, die Hände auf die äußere Becken- und Sitzmuskulatur zu legen. Durch die Wärmeleitung der Hände entspannen Muskeln und Gewebe und werden belebt. Sanftes Bewegen und Streichen dieser Region fördert Durchblutung und Lebendigkeit.

Wir können das Becken auch ein wenig aufschütteln, denn eine Dehnungszone verträgt ja bekanntlich Raum in alle Richtungen.

Die Beine

Die Beine des Ausatmers gehören wieder zur Verengungszone. Hier verträgt die Muskulatur einen *guten Griff*. Erfahrungsgemäß sitzen in den Beinen auch Verspannungen, die wir ohne weiteres dem Becken zuordnen können. Die Beine sind quasi eine Verlängerung des Beckens. Sie sind ähnlich mit dem Becken verbunden wie die Arme mit dem Brustkorb. In den Beinen liegt viel Potential für die Stimme, vieles an Kraft und Wuchtigkeit, und es bedarf manchmal der Entscheidung, diese freiwerdende Energie hier und jetzt in die Stimme zu legen.

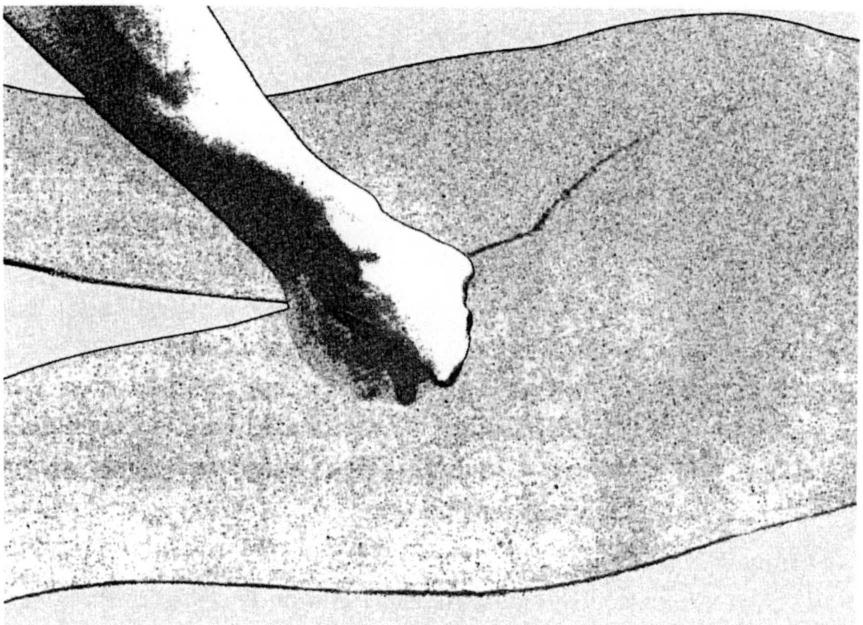

Der Partner legt seine Hände oder Fäuste also auf die hintere Oberschenkelmuskulatur und sorgt über die Massage für eine gute Verengung. (Achtung: Nicht in der Gegend der Knie drücken). Er kann auch von hinten in die vordere Oberschenkelmuskulatur greifen. Die Waden werden nicht vergessen, und natürlich werden auch noch die Füße gut durchgeknetet.

Am Schluß, wenn der Ausatmer wieder in seiner Dispositionslage liegt, streicht der Partner den ganzen Körper aus, und zwar körperabwärts beziehungsweise vom Herzen weg.

Kopf, Hals und Nacken

Schauen wir zunächst noch einmal auf die Körperzoneneinteilung: Hals, Nacken und Gesicht liegen in der Warmzone, während Hinterkopf und Ohren zur Kaltzone gehören. Hinterkopf meint hier den gesamten normalerweise behaarten Bereich.

Gemäß der Dehnungsprinzipien braucht also die gesamte Muskulatur von Hals, Nacken und Gesicht eine weiche, wärmende und wohltuende Behandlung. Großflächig können hier die vielen kleinen und größeren Muskeln zum Nachgeben angeregt werden. Weiches Kneten und Massieren läßt den Ausatmer schon sehr bald in einen angenehm entspannten Zustand sinken. Er fühlt sich wohl und kann mehr und mehr Spannungen in den Kiefermuskeln[7] loslassen, was zur Folge hat, daß sich der Unterkiefer besser öffnen läßt. Und das Öffnen des Mundes ist schließlich ein ganz wesentlicher Faktor für die Artikulation.

Die Ohren können massiert und ausgestrichen werden. Auch ein Ziehen an den Ohren wird oft als angenehm empfunden. Es kann dadurch zu völlig veränderten Höreindrücken kommen, denn über das Öffnen oder Schließen der Eustachischen Röhre (der Ohrtrompete) wird unser Hörempfinden wesentlich mitbeeinflußt. Das bemerken wir dann besonders deutlich, wenn diese Gänge durch Schnupfen oder veränderte Druckverhältnisse im Flugzeug geschlossen sind. Dann hören wir uns selbst sehr stark verändert. Wenn sich die Ohrtrompete öffnet, haben wir Zugang zu anderen Dimensionen des Hörens, was sich zwangsläufig in einer veränderten Stimme bemerkbar macht. Das Thema Ohr hier abhandeln zu wollen, ist nicht unsere Absicht. Es würde den Rahmen dieses Kapitels sprengen – schließlich haben andere ganze Bücher darüber geschrieben. Wir können jedoch davon ausgehen, daß unsere Stimme nur das zum Ausdruck bringt, was unser Ohr hört.

Wie die Ohren, so ist auch der solare Hinterkopf eine Kaltzone. Das bedeutet, daß wir hier schon mal ein bißchen kräftiger zugreifen können. Ein Griff in die Haare und leichtes Ziehen an den Haaren wirkt stimulierend auf die Nerven im gesamten Kopfhautbereich.

Nachdem nun alle erwähnten Aufweichungen, Dehnungen und Stimulierungen an Hals, Nacken, Gesicht, Ohren und Hinterkopf durchgeführt wurden, ist der Ausatmer in der Regel gern bereit, seinen Kopf endgültig abzugeben. Aus der Art seiner Aufgerichtetheit[8] ergibt sich, daß die Richtung *nach vorn* ihm dabei angenehmer ist.

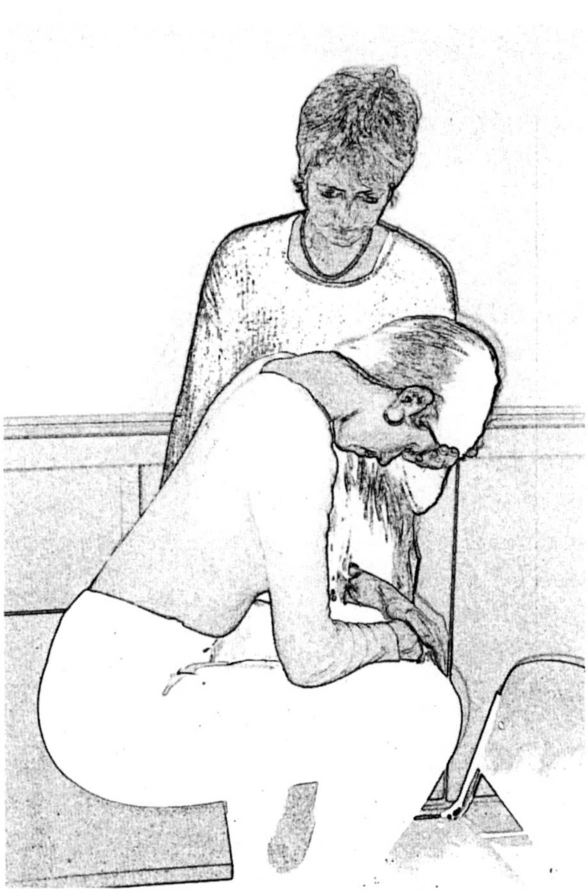

In einer, für ihn typischen geraden und stabilen Sitzhaltung, beugt er den Oberkörper ein Stück nach vorn und neigt seinen Kopf soweit, daß er ihn in die Hand seines Partners legen kann. Der Partner hält den Kopf in erster Linie und führt wenn überhaupt, lediglich kleine Bewegungsveränderungen aus. Nach einer solchen Behandlung sehen solare Typen völlig entspannt, weich und verändert aus. Versuchen Sie es!

... für den lunaren Typ

Der lunare Typ ist der Dehnungstyp. Er verdankt seinen Namen der Tatsache, daß die größten Zonen seines Körper – Hinterkopf, Brust, Rücken, Arme und Beine – auf eben dieses Prinzip eingestellt sind. Haut, Gewebe, Muskeln und Gefäße »funktionieren« über die Expansionstendenz und können dadurch, z. B. über Wärme, auch angeregt werden. Die Wirbelsäule braucht nicht von der Rückenmuskulatur gehalten zu werden. Daraus resultiert größtmögliche Nachgiebigkeit und Flexibilität im Rücken, besonders im Bereich von Brust- und Lendenwirbelsäule. Natürlich hat der Einatmer auch Verengungszonen – Gesicht, Hals, Nacken und Becken. Diese bedürfen der Kälte und Kontraktion, um eine bessere Versorgung zu erreichen, hier wäre Dehnung kontraproduktiv.

Daraus folgt, daß der Einatmer an Hinterkopf, Brust, Rücken, Armen und Beinen alles gern hat, was die spezifische Weitungstendenz dieser Region fördert, und dementsprechend an Gesicht, Hals, Nacken und Becken kräftig (im Sinne von *die jeweilige Körperpartie verengend*) angefaßt werden kann. Schauen wir uns auch das im Detail an.

Der Brustkorb

Lunares Potential wird über die Weitung des Brustkorbes (Unterstützung der Einatmung) gefördert. In diesem Sinne ist alles hilfreich, was den Brustkorb (also Brust und Rücken) weitet, und ebenso alles, was die Rippenheber, also die Muskulatur, die für die Einatmung aktiv sein muß, stimuliert.

Liegt der lunare Typ in seiner Dispositionslage, sollte er zunächst darauf achten, daß seine Aufmerksamkeit für die Einatmung ausschließlich im Brustkorb ist. Der Partner kann ihn mit aktivierenden und unterstützenden Maßnahmen begleiten, etwa durch leichtes nach oben Streichen, »Betupfen« etc. Um die Dehnungskapazität nach oben hin auszuweiten, kann der Partner seine Hände in Form einer leichten »Korsage« an die unteren Rippenbögen legen und während der Einatmung ein Absinken des Brustkorbes beziehungsweise Bauchatmung

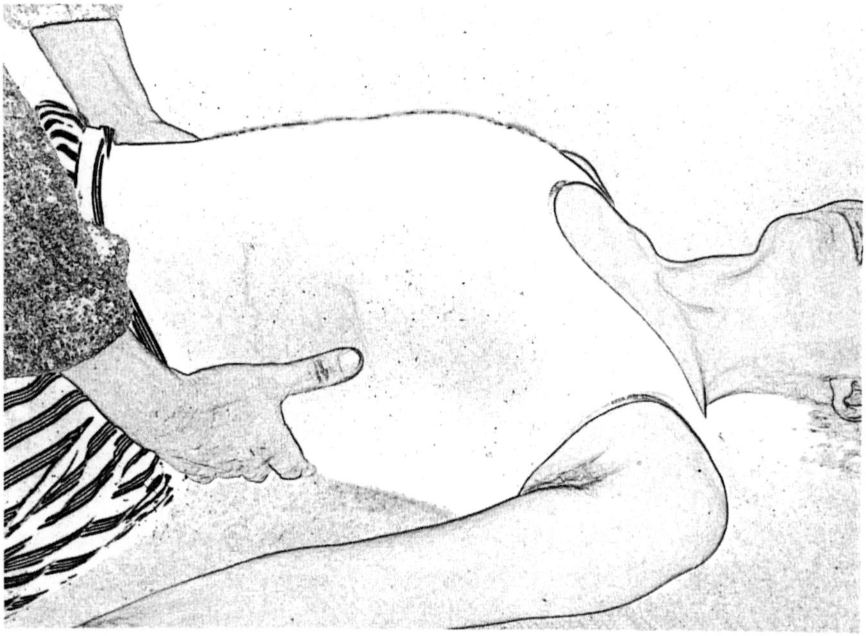

verhindern. Die Hände werden schiebend aufwärts geführt, ohne jedoch auf den Brustkorb zu drücken.

Um die Verengung nach unten beziehungsweise die Weitung nach oben noch mehr zu verdeutlichen, kann bereits an dieser Stelle eine punktuelle Verengung der Unterbauchregion vorgenommen werden (siehe Becken).

Danach wird der Einatmer auf die rechte Seite gedreht, und der Partner wendet sich seiner linken Brustkorbseite zu. Wie im gesamten lunaren Brustkorb, geht es auch hier um Dehnung und ein Bewußtmachen der Dehnungsrichtung nach oben. Auf diese Weise wird die gesamte für die Einatmung zuständige Muskulatur »trainiert«.

Über das hinaufschiebende Dehnen der Schulterregion (dabei wird der linke Arm des Einatmers am besten in der Armbeuge des Massierenden abgelegt) in verschiedene Richtungen (aufwärts, vor, zur Mitte und nach hinten) werden die muskulären Verbindungen zwi-

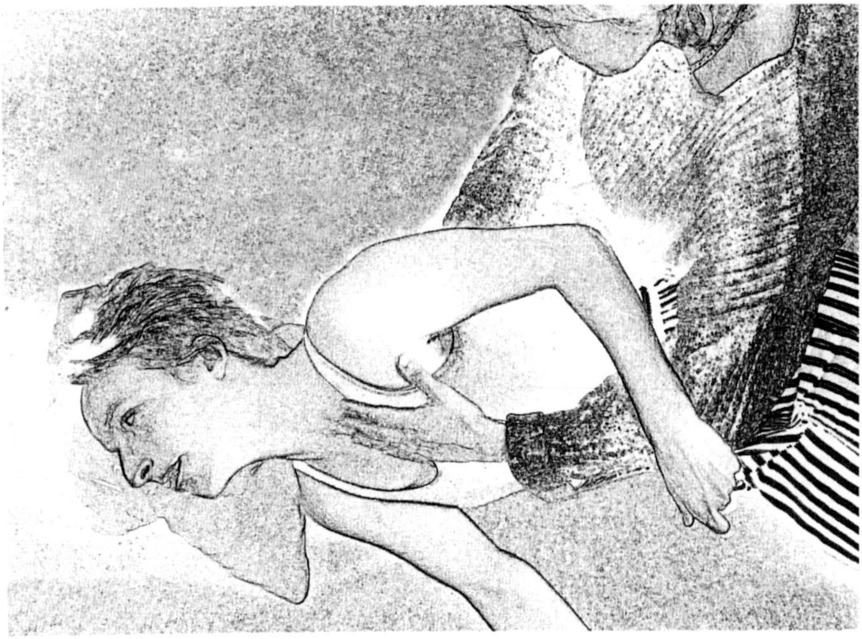

schen Schulter und Brustkorb gekräftigt, denn diese können auch für die Einatmung genutzt werden.[9]

Der Arm, der zum Brustkorb gehört, wird am besten durch ein hinaufstreichendes sanftes Massieren entspannt.

Eine weitere Möglichkeit, die Atmung anzuregen, besteht in einem sanften Stimulieren der thorakalen Spinalnerven. Diese treten aus der Wirbelsäule u. a. in die Zwischenrippenregion und innervieren die Atemmuskulatur. Der Partner setzt zwei Finger ganz sanft auf die Region zwischen den Dornfortsätzen der Wirbelsäule und massiert rotierend die gesamte Wirbelsäule hinauf (Abb. S. 100).

Jetzt, wo der Einatmer schon einmal auf der rechten Seite liegt, wäre es logisch, die hintere Beckenregion mit der gesamten (linksseitigen) Gesäßmuskulatur zu massieren. Der Übersicht halber erwähnen wir dies aber erst später, beim Becken.

Wenn die linke Körperseite weich gedehnt und entsprechend geräumig ist, drehen wir den Einatmer auf die andere Seite und arbeiten, um

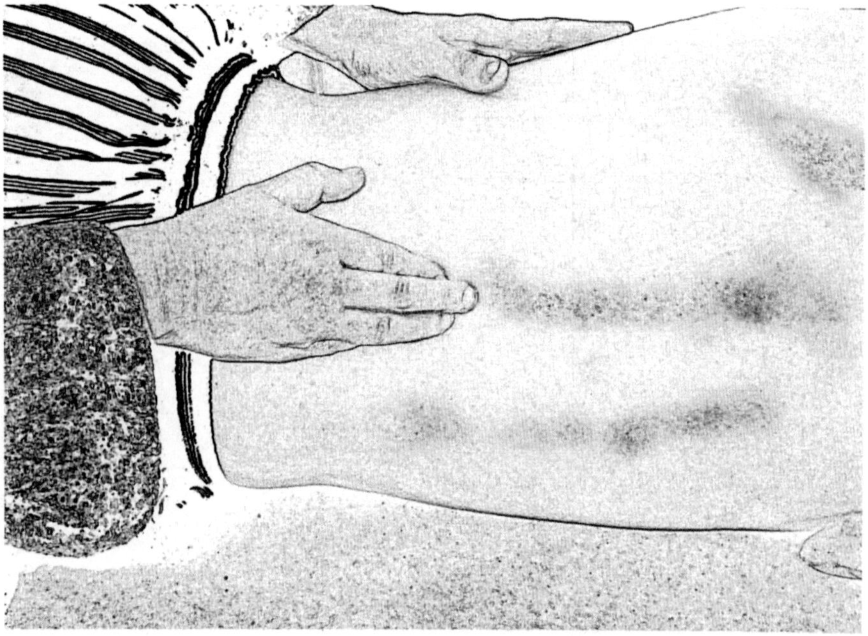

die Geräumigkeit zu vervollständigen, auch auf der rechten Körperseite. Das sanfte Stimulieren der Spinalnerven kann hier entfallen. Das hat den Vorteil, daß die linke Körperseite (die Herzseite) nicht zu lange einer Verengung ausgesetzt ist. Schließlich braucht ein lunarer Typ Raum für die Entfaltung seiner Herzensqualität.

Das Becken

Das Becken gehört beim lunaren Typ zur Kaltzone. Hier sind alle kräftigen und verengenden »Maßnahmen« hilfreich zur Förderung und Entfaltung des lunaren Potentials. Stimmliche Beckenenergie, also Wuchtigkeit und Kraft, können hier ganz direkt aktiviert werden, und nicht wie beim Ausatmer über die Beine.

Wenn der Einatmer noch in seiner Dispositionslage liegt, kann der Partner mit seiner Faust knapp über dem Schambein eine punktuelle Verengung schaffen. Das wird dem Einatmer ein besseres Dehnen des Brustkorbes ermöglichen, da hier auch jeder noch so kleine

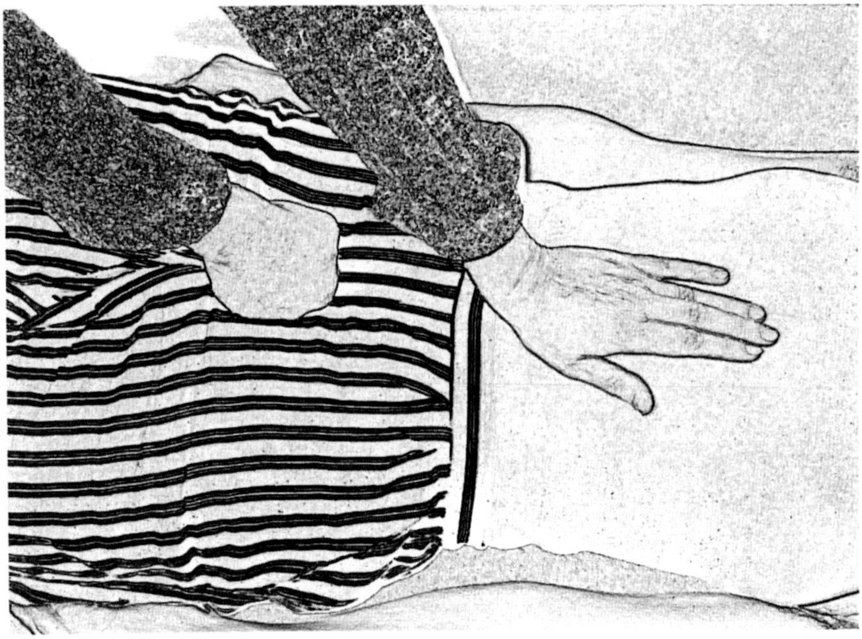

Bauchdruck (von innen her) deutlich wird. Dies kann auch mit einem Arbeiten am Brustkorb kombiniert werden.

Sehr angenehm ist es, wenn der Kreuz-Lendenbereich so richtig entspannt losgelassen werden kann. Hierdurch werden die unteren Rundungen entsprechend gedehnt.[10] Dazu nimmt der Partner die

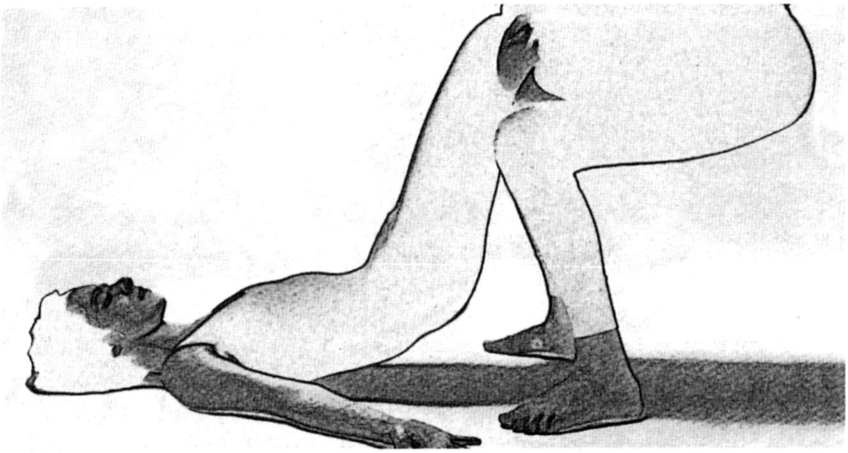

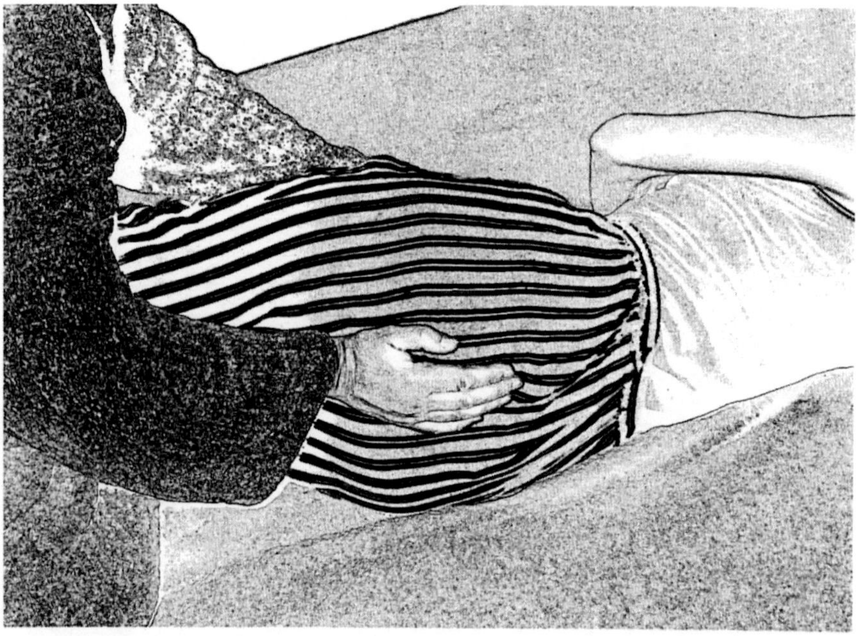

angewinkelten Beine des Einatmers und hebt ihn so an, daß er sich richtig gut hängenlassen kann.

Wenn der Einatmer auf der Seite liegt, kann die hintere Beckenregion und die Gesäßmuskulatur kräftig massiert werden. Trifft der Einatmer die Entscheidung, die hier freiwerdende Energie für die Stimme zu nutzen, so wird diese einen enormen Kraftzuwachs erleben.

Die Beine

Die Beine des Einatmers gehören wieder zur Dehnungszone. Er braucht hier eine weiche, sanfte Behandlung. *Oberflächliches* Massieren der Muskulatur und dehnendes Streichen der Beine aufwärts(!) fühlen sich für ihn wohltuend und belebend an.

Der Partner kann die angezogenen Beine auch leicht in Richtung Brustkorb bewegen. Dadurch wird der Kreuz-Lendenbereich ge-

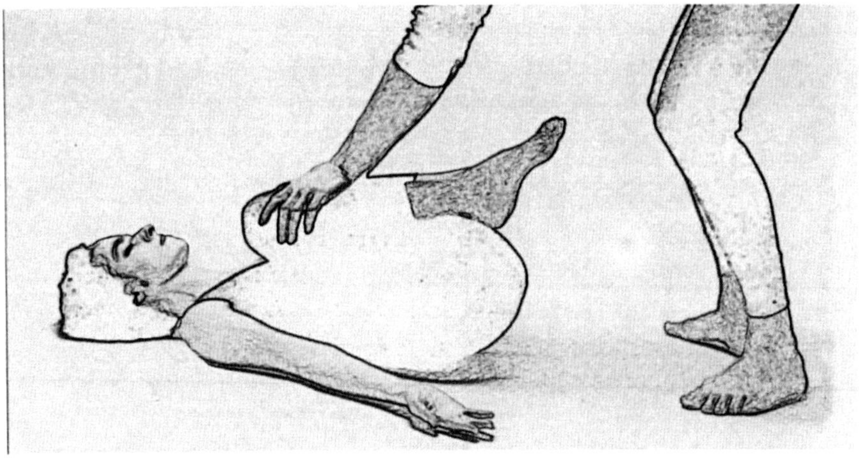

dehnt und eine Verengung im Unterbauch geschaffen, was wiederum die Einatmung fördert.

Am Schluß, wenn der Einatmer wieder in seiner Dispositionslage liegt, streicht der Partner den Körper aus, und zwar körperaufwärts beziehungsweise zum Herzen hin.

Kopf, Hals und Nacken

Auch hier zunächst ein Blick auf die Körperzoneneinteilung: Hals, Nacken und Gesicht fallen in die Kaltzone, Hinterkopf und Ohren in die Warmzone.

Gemäß der Verengungsprinzipien verträgt die gesamte Muskulatur von Hals, Nacken und Gesicht Kälte oder Verengung. Einatmer haben es demnach besonders gern, wenn man ihnen mal so richtig den Nacken knetet oder auch kneift. Der sogenannte *Katzengriff* wird hierbei als sehr wohltuend und entlastend empfunden. Im Gesicht kann, ähnlich wie beim Ausatmer, unter Umständen sogar etwas stärker geknetet werden. Wir möchten an dieser Stelle aber nochmals darauf hinweisen, daß es nicht auf maximalen, sondern auf optimalen Druck ankommt. Anders ausgedrückt: *Die eigentliche Arbeit macht derjenige, der massiert wird, denn er läßt sich darauf ein!*

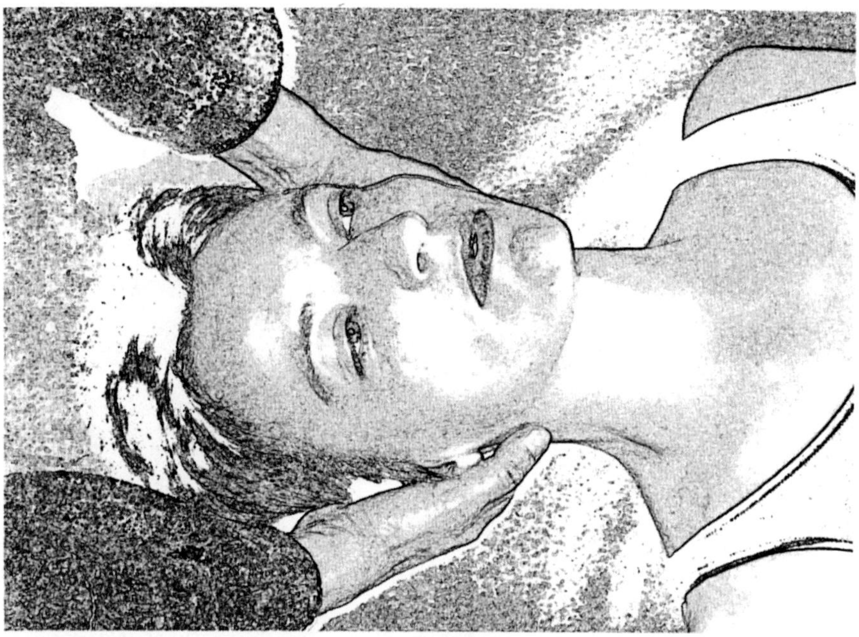

Ohren und Hinterkopf fallen in die Warmzone. Hier ist wieder sanfteste Stimulanz angezeigt. Ein Kraulen des Kopfes und ein sanftes, weiches Kneten der Ohren, haben schon so manchen Einatmer zum Schnurren gebracht. Hier wird bereits seine Hingabefähigkeit angesprochen, welche er anschließend für das Abgeben des Kopfes benötigt. Ein sanftes Ziehen an den Ohren gibt ihm ein sehr großes Raumgefühl innerhalb des Kopfes. Diesen Raum kann er sehr gut für einen ebenso *räumlichen Klang* nutzen.

Einatmer geben ihren Kopf sehr gern nach hinten ab. Das ergibt sich zwangsläufig aus ihrer Nachgiebigkeit im Kreuz-Lendenbereich (siehe oben). Gebettet auf einer stabilen Unterlage sind sie leichter bereit, die Kontrolle über ihren Kopf vollends aufzugeben, ihn halten und leicht wiegen zu lassen und unter Umständen sogar ein Stück weit die Orientierung zu verlieren. Sie begeben sich, bei gutem Bodenkontakt, in einen leichten, fast schwerelosen Zustand.

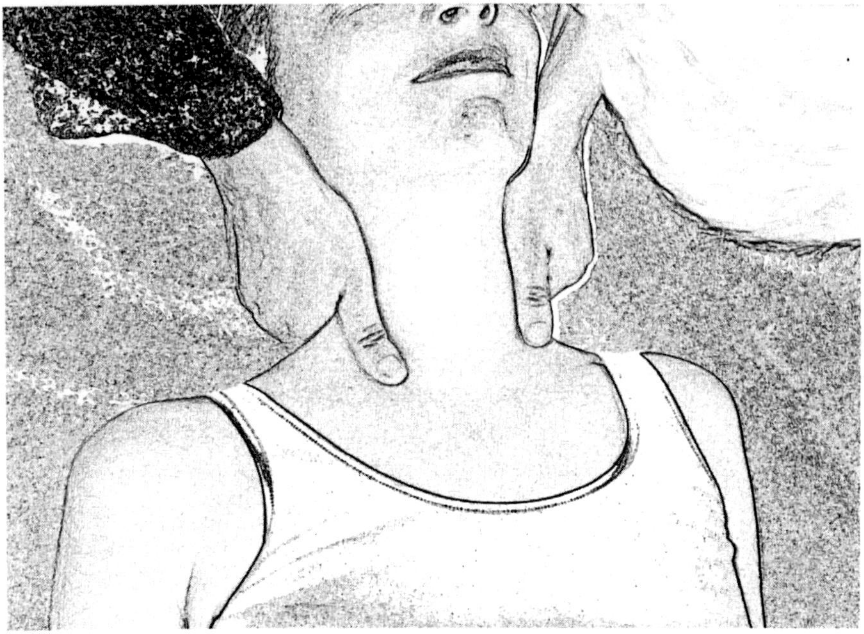

Fragezeichen – Typ zwischen Sonne und Mond?

Was hat es mit den sogenannten Fragezeichen auf sich? Immer wieder begegnen uns Menschen, die sich nicht per Berechnung in ihrem Atemtyp bestimmen lassen, weil die prozentualen Anteile von Sonne und Mond zu nah beieinander liegen. Ist jemand beispielsweise Ende Juni (höchster Sonnenstand) bei Vollmond geboren, so liegen bei der Geburt beide Kräfte nahezu bei 100 Prozent, und es bedarf besonderer Aufmerksamkeit und Übung herauszufinden, welcher Rhythmus zu diesem Menschen gehört. So ist nur allzu verständlich, daß es gerade diese Menschen sind, die das ganze Gesetz der Polarität gern relativiert sehen möchten: »Gibt es nicht auch Menschen, für die beide Typen gelten?« Wir können immer nur sagen: »Wer dies für sich als Lösung empfindet, sollte und muß dem nachgeben.«

Allerdings sind die »Fragezeichen« erfahrungsgemäß auch diejenigen, die ganz besonders unter ihrem »Hin und Her« leiden. Häufig finden sie vor lauter Toleranz und Verständnis für andere nicht zu einem klaren Erkennen ihres eigenen Potentials. Agieren sie als »Ausatmer«, fühlen sie sich eine Weile »wohl«, um sich bald nach dem anderen, dem »Einatmerdasein » zu sehnen »Ich brauche beides!« lautet daher oft ihr Motto, aber sie finden keine Freiheit in diesem ständigen Wechsel. Der klare Bezug zur eigenen Quelle fehlt – ein Lebensgefühl, das vielen sehr vertraut ist und ihr Leben erschwert. Zwar finden wir dieses Phänomen manchmal auch bei klar berechenbaren Teilnehmern, aber doch in abgeschwächter Form.

Wie befreiend kann es gerade für die Fragezeichen sein, wenn sie, statt durch langes Diskutieren des Für und Wider, durch den Umgang mit ihrer Stimme Klarheit über ihren Atemtyp gewinnen. Es ist immer wieder verblüffend, wie deutlich in der Stimme hörbar werden kann, wo genau die Quelle ihrer Kraft liegt und wie im Gegensatz dazu eine typenfremde Arbeitsweise langfristig lediglich Blockaden schafft. Das ist eine Erfahrung, die alle bisherigen Vorstellungen über das, was als falsch und richtig galt, plötzlich ins Wanken bringen kann.

Welche Anhaltspunkte können uns beim Herausfinden des Typs leiten? Wenn die Tabellen keine Auskunft mehr geben, gleicht der Findungsprozeß einer Pirsch, für die wir jedesmal unsere individuelle »Spürnase« und Neugier mobiliseren müssen. Während das Abfragen von Gewohnheiten und Vorlieben sowie Erfahrungen mit Ernährung, Schlafposition, Bewegungen etc. häufig gerade die »Unentschiedenheit« bestätigt, gibt uns das Beobachten des vor uns sitzenden Menschen und vor allem sein Stimmverhalten schon genauere Informationen darüber, welche Richtung für den möglichen Atemtyp zu vermuten und »mutig« anzusteuern ist.

So hatten wir zum Beispiel eine »nicht berechenbare« Teilnehmerin, die besonders durch ihre sehr tiefe, eher männliche Sprechstimme auffiel. Hörte man sich ein bißchen hinein, so vermißte man die höheren Schwingungen, die Kopfresonanzen, die eine Stimme normalerweise leicht und leuchtend werden lassen. Als Logopädin war sie ausatembetont ausgebildet worden und schon viele Jahre erfolgreich in dieser Arbeit tätig. Das Ausatemprinzip kam auch in ihrer Stimme gut zur Anwendung.

Körperlich hatte sie keinerlei nennenswerte Beschwerden (kalte Füße und kalte Hände haben viele). Ihr Körperbau war eher typisch für den einer Ausatmerin: groß und schmal. Eigentlich waren alle ihre Angaben eher unspektakulär und bestätigten scheinbar eindeutig das Bild des Ausatemtyps ... wenn nicht ihre tiefe Stimme Anlaß gegeben hätte, etwas Wesentliches zu vermissen.

Die Frage, welche Beziehung sie zu hohen Stimmen habe, beantwortete sie für alle überraschend vehement: »Eine schlechte – und am schlimmsten finde ich die Königin der Nacht!«

In dieser Äußerung lag der für uns entscheidende Hinweis. Die erlernte Ausatemtechnik kam ihrem – wahrscheinlich unbewußten – Wunsch entgegen, ein in der Stimme ungeliebtes Potential, nämlich die Höhe, zu vermeiden. Und die beste Methode, um im Persönlichkeitsausdruck Ungeliebtes oder Ungewünschtes »auszusparen«, zu vermeiden, ist die *Matrix des Gegentyps.*

Damit kamen bei uns Mut und Neugier auf, in der folgenden Arbeit auf den – bisher vermiedenen Gegentyp – zuzusteuern, den Einatmer. Schon bei der Anwendung der Einatmermassagen erklomm unsere Teilnehmerin glockenklare, immer brillanter werdende weibliche Höhen. Und spätestens bei ihrem Abschlußgesang war allen klar: Zur Königin der Nacht ist es nicht mehr weit!

Der stimmlichen Klärung des Atemtyps folgt allerdings in der Regel eine weitere Herausforderung: der Prozeß des Enthüllens. Was im klanglichen Ergebnis allen Zuhörern in der Regel wie ein glückliches Entdecken von neuem Reichtum erscheint, hat auch eine andere Seite. Es erfordert die nachhaltige Bereitschaft, wirklich wissen zu wollen: Wer bin ich?

Nicht selten geht es jetzt darum, ein Risiko einzugehen und alte vertraute Selbstkonzepte loszulassen. Es ist keine leichte Sache, alte Sicherheiten in Gefahr zu sehen, und schon gar nicht, wenn es um das Bild der eigenen Stimme geht. Denn was hat es für Folgen, wenn der neue Klang der eigenen Stimme dem Geschmack und der Vorstellung »Ich liebe dunkle, rauhe Stimmen« absolut zuwiderläuft? Wo und wie finden die Betreffenden dann ihren Platz? Nicht selten melden sich als erstes alle »Ja, aber« zu Wort, um allzu große Umwälzungen zu verhindern. Da können die Zuhörer noch so begeistert sein. »Bin ich nicht vielleicht doch der andere Typ?«

Gerade von jüngeren Sängerinnen aus der Popszene sind wir schon manches Mal mit Reaktionen konfrontiert worden wie: »Macht bloß keine Operntussi aus mir, das klingt ja schrecklich!« Besonders jugendliche Sänger orientieren sich in ihrem Stimmeinsatz nicht in erster Linie an Wohlempfinden und gesunder Stimmfunktion, sondern an Vorbildern und Stimmidealen. Wir erinnern uns an eine junge Kursteilnehmerin, die allein aus dem Grund mit uns an ihrer Stimme arbeiten wollte, weil sie ein Fan von Michael Jackson war und alles dafür gab, so zu singen wie er. Mit größter Sorgfalt hatte sie auch die kleinsten Showbewegungen ihres Idols einstudiert. Es fehlte ihr »nur« noch an der gewünschten Kraft ihrer Stimme. Das Dumme war nur, daß sie Ausatmerin, Michael Jackson aber Einatmer ist. Das bedeutete, daß sie, wenn sie kräftiger und schöner singen wollte, die perfekt imitierten lunaren Showbewegungen »opfern« mußte. Michael Jacksons lunar vorgeschobenes Becken mit dem Kopf im Nacken ließen ihre Stimme hörbar verkümmern. Es brauchte einige Ermutigungen auch seitens der anderen Kursteilnehmer, bevor sie es mit ihren eigenen Showbewegungen versuchte. Was uns den Prozeß der Klärung auch hier wieder abnahm, war nicht die Diskussion darüber, sondern einzig und allein die fühlbare Wirkung des neuen Klangs auf die Betroffene selbst.

Je nach Erfahrungsvielfalt wird das Pendel eine Weile hin- und herschwingen, und zwar so lange, bis immer mehr »typzuweisende Erlebnisse« die Klärung erleichtern. Der Prozeß, den eigenen Atemtyp in sich »ankommen« zu lassen, braucht Zeit ... manchmal sehr viel Zeit. Darüber hinaus ist es nicht immer leicht, die Verantwortung hinsichtlich der möglichen Konsequenzen (die der Atemtyp für das persönliche Leben zweifellos hat) zu übernehmen. Dennoch läßt sich grundsätzlich sagen, daß gegentypisches Verhalten vom Prinzip her unbequem ist. Und dies paradoxerweise auch dann noch, wenn es die Suche nach Bequemlichkeit und Leichtigkeit zunächst zu unterstützen scheint. Es macht sich nämlich oftmals erst langfristig bemerkbar.

Eine Schülerin kam in den Einzelunterricht. Ein Fragezeichentyp! Körperlich entsprach sie ziemlich eindeutig dem lunaren Typ. Breite Schultern, breiter Rücken und eine ausgeprägte Brust- und Zwischenrippenmuskulatur. Bei den Atem- und Stimmübungen zeigte sie sehr deutliche Abneigungen gegen die solaren und Vorlieben für die lunaren Übungen. Wir waren froh, denn es war in verhältnismäßig kurzer Zeit feststellbar gewesen, um welchen Typ es sich hier handelte. Sie kam regelmäßig in den Unterricht, und wir arbeiteten gemäß den lunaren Prinzipien an der Ausbildung ihrer Stimme. Nach einigen Monaten stellte sich bei uns große Unzufriedenheit ein, denn ihre Entwicklung stagnierte. Um ehrlich zu sein, es hatte sich eigentlich noch kaum etwas an wirklicher Entwicklung gezeigt. Im Gespräch darüber brachte sie zum Ausdruck, daß sie sich körperlich wie zweigeteilt empfinde, den Oberkörper getrennt vom Unterleib. Dieses Gefühl hatte sie schon einige Jahre lang begleitet, sie hatte es als für sich selbstverständlich angenommen. Durch die Arbeit hatte es sich in letzter Zeit wieder verstärkt bemerkbar gemacht.

Also konnte das Experiment hier nur heißen: »Laß uns den solaren Typ noch einmal, möglichst ohne Vorbehalte, ausprobieren. Innerhalb kurzer Zeit konnten völlig neue Körper- und Stimmräume geöffnet werden. Diese brachten nicht nur eine komplett andere Stimme zum Vorschein; es zeigten sich auch Persönlichkeitsanteile, die bislang – aus welchen Gründen auch immer – verborgen geblieben waren. Das Staunen auf beiden Seiten war groß. Die Schülerin fühlte sich wunderbar, endlich ganz, und erzählte im weiteren Verlauf auch mehr von ihrem Leben, was dazu führte, daß sowohl sie selbst als auch wir besser verstanden, warum es offenbar lange Zeit notwendig gewesen war, diese nun offen zutage tretenden Aspekte ihrer selbst – das, was sie so lange von sich selbst getrennt hatte – wegzuschieben. Andererseits hatten bestimmte Mechanismen in ihrem Verhalten ihr besonders in letzter Zeit gezeigt, daß da etwas nach außen möchte, gelebt werden will, und sie hatte bereits entsprechende Kritik aus ihrer Umgebung auf sich gezogen. Nun waren die positiven, die kraftvollen Aspekte ihrer Person hervorgetreten. Sie zeigte sich voll blühender Lebensenergie und war rundum glücklich, als sie ging.

Leider sahen wir sie nie mehr. Sie sagte den nächsten Termin telefonisch ohne weitere Erklärungen ab, lediglich mit dem Hinweis, daß es ihr nicht gut gehe. Möglicherweise war die Herausforderung hinsichtlich der Konsequenzen für ihr Leben zu hoch gewesen. Hatte sie es deshalb vorgezogen, weiterhin den Gegentyp zu leben? Die Frage nach dem *Wer bin ich?* auch im Hinblick auf den Atemtyp bringt möglicherweise eine tiefgreifende Umstrukturierung der eigenen gelebten Realität mit sich. Und das ist nicht immer leicht.

Fragen an das Fragezeichen

Wenn die Tabelle ihren Dienst verweigert und lediglich mit einem Fragezeichen Auskunft gibt, sind wir hinsichtlich einer Bestimmung des Atemtyps auf andere Hilfsmittel angewiesen. Die Tatsache, daß wir zum Zeitpunkt der Geburt keine (für eine rechnerische Bestimmbarkeit) ausreichend große Differenz zwischen den Gestirnen haben, heißt jedoch nicht, daß es sich bei den Fragezeichen um eine dritte Gattung handelt. Der Körper hat sich entschieden, und zwar mit dem ersten Atemzug. Die Schwierigkeit liegt lediglich in der eindeutigen Bestimmbarkeit.

Daher wollen wir hier eine kleine »Checkliste« vorstellen, in der – auf sehr einfache Weise – wesensmäßige Unterschiede zwischen beiden Typen dargestellt sind. Die entsprechenden Formulierungen können gerade wegen ihrer Gegensätzlichkeiten ohne weiteres für eine *Schnellabfrage* herangezogen werden. Wenngleich sie nicht die einzige Quelle für eine Bestimmung des Atemtyps sein kann, gibt diese Liste doch so manchen nicht unwichtigen Hinweis im Hinblick auf den möglichen Atemtyp. Versuchen Sie es ruhig einmal. Vielleicht zunächst an sich selbst und später an Freunden und Bekannten. Über weitere wesensmäßige Unterschiede informiert das Buch *Konstitution und Bipolarität* von Dr. Charlotte und Christian Hagena.

Solar			Lunar
1. Ich bin Frühaufsteher und Frühschlafengeher.	☐	☐	Ich bin Spätaufsteher und Spätschläfer.
2. Ich schlafe auf dem Bauch oder linksseitig.	☐	☐	Ich schlafe auf dem Rücken oder rechtsseitig.
3. Nach Anspannung und Streß brauche ich Ruhe.	☐	☐	Nach Anspannung und Streß brauche ich Bewegung.
4. Ich vertrage Kaffee.	☐	☐	Ich vertrage schwarzen Tee.
5. Ich kann eine Luftmatratze gut aufblasen.	☐	☐	Beim Aufblasen einer Luftmatratze wird mir schwindelig.
6. Mein linkes Bein ist Standbein und Sprungbein.	☐	☐	Mein rechtes Bein ist Standbein und Sprungbein.
7. Ich trage gerne Schuhe mit Absätzen.	☐	☐	Ich trage gerne flache Schuhe.
8. Ich trage meine Tasche links.	☐	☐	Ich trage meine Tasche rechts.
9. Ich habe morgens meine aktivste Zeit.	☐	☐	Ich habe abends meine aktivste Zeit.
10. Ich arbeite gern am Boden (Gartenarbeit/Fußboden schrubben etc.).	☐	☐	Ich kann ohne Beschwerden auf einer Leiter arbeiten (Lampen oder Gardinen anbringen, anstreichen etc.).
11. Ich möchte auf Nudelgerichte und Süßes. nicht verzichten.	☐	☐	Ich möchte auf Kartoffeln und deftiges, warmes Essen nicht verzichten.
12. Bei Geschichten und Ereignissen merke ich. mir viele Details.	☐	☐	Ich merke mir Begegnungen und Handlungsabläufe gut.
13. Vor dem Heben eines schweren Gegenstandes. atme ich kräftig aus.	☐	☐	Vor dem Heben eines schweren Gegenstandes atme ich kräftig ein.
14. Ich sitze gern frei, mit geradem Rücken.	☐	☐	Ich sitze gern angelehnt, mit rundem Rücken.

Übung macht den Meister ... nicht aus

Am Ende von Seminaren werden wir oft gefragt: »Was kann ich selbst tun? Wie kann ich das üben? Wird mir das erhalten bleiben? Kann ich das wieder abrufen? Was mache ich, wenn ich allein bin?« Diese Fragen sind geprägt von dem Wunsch, die kleinen oder größeren Wandlungen – die Sternstunden – zu konservieren, mitzunehmen und beliebig abrufen zu können. Wer kann von sich behaupten, dieses Gefühl nicht zu kennen?

Wandelt man über die Flure von Musikhochschulen oder Konservatorien, so vermittelt sich einiges von dem *Leid des Übens.* Leid deshalb, weil durch das Üben hindurch eine gewisse Verzweiflung spürbar wird, eine Unsicherheit, ob diese »zähe Disziplin« auch zum ersehnten Ziel führt. Skalen, Koloraturen, Intonationsübungen und rhythmische Präzision werden neben Ausdruckskraft, Lautstärke, Interpretation und so manchem anderen in den Übungskanon der angehenden Musiker und Musikerinnen aufgenommen. Das bedeutet, daß sich die jungen Talente über mehrere Jahre hinweg in der Regel mehrere Stunden täglich damit beschäftigen, ihrem Regelwerk zu entsprechen. Skalen rauf und runter, Stimmumfang ausweiten, Stimme satt und voll oder auch schlank und geschmeidig machen – je nach Stimmfach – und die einmal ausgebildeten Qualitäten möglichst rund um die Uhr zur Verfügung haben. Nach dem Motto *Stillstand ist Rückschritt* kämpfen viele junge Musiker verzweifelt gegen ihren Körper an. Übungspausen werden selten ohne schlechtes Gewissen gemacht, da die technischen Fertigkeiten leider ziemlich schnell nachlassen. Und dann das ständige Warnsignal *Achtung ... wir altern!*, welches den maximalen Leistungsdruck in jungen Jahren rechtfertigt. Denn schließlich ist man mit dreißig eigentlich schon viel zu alt, um beispielsweise noch an Wettbewerben teilzunehmen.

Das alles kann ganz schön schaffen. Und das tut es auch! Probleme an der Stimme, wie beispielsweise ödemisierte Stimmbänder, Knötchen oder Verkrampfungen der Stimmuskulatur mit den daraus resultierenden Schwierigkeiten, sind heute bei Sängern und Sängerinnen an der Tagesordnung. Bei Instrumentalisten finden wir Sehnenscheidenentzündungen (besonders bei Tasten- und Saiteninstumenten) und teilweise extreme Verkrampfungen der Atemmuskulatur, was z. B. bei Bläsern verheerende Auswirkungen haben kann. Ist man als Betroffener in einer solchen Notsituation, liegt die Frage nahe, wer dafür verantwortlich zu machen ist. Schüler sind leicht geneigt, die *Schuld* bei ihren Lehrern zu suchen, und Lehrer werden diesen Ball wieder zurückspielen. Denn schließlich, wie kommen sie dazu?

Wir neigen zu einem Weder/Noch-Votum und gehen davon aus, daß Schüler und Lehrer ganz wunderbar Hand in Hand arbeiten. Das finden wir auch immer wieder bestätigt, wenn wir mit den eingangs erwähnten Fragen konfrontiert werden und nicht selten eine gewisse Ratlosigkeit unsererseits bemerken. »Wie kann ich ... was kann ich ... wie schaffe ich ...?« Oh ja, natürlich sind diese Fragen verstehbar und auch deren Hintergrund. Aber wohin haben sie geführt? Der Körper will nicht mehr. Er meldet sich unter Umständen krank, verweigert seinen Dienst. Was ist an diesem Üben so »schädlich« oder, besser gesagt, so frustrierend?

Die gegenwärtig wohl am meisten praktizierte Form des Übens kann als ein *System totaler Kontrolle* bezeichnet werden. Einmal erlangte Fähigkeiten müssen nicht nur erhalten bleiben, sondern ständig verbessert und erweitert werden. »Die Konkurrenz schläft nicht«, haben wir auch schon mal gehört. Kann Üben auch noch etwas anderes sein als das Abrufen, quasi Zitieren von einmal Erlangtem?

Wir sehen ihn noch vor uns, den Herrn – offenbar Sänger – in der Münchener U-Bahn. Wir hörten ihn bereits im Waggon und hatten sogar ein kleines Stück Weg gemeinsam beim Wechseln der Linien. Ständiges Zitieren diverser Partien, Zeigen von Repertoire und bedachter Wohlklang. Während sich andere Passanten über diese lebendige Entsprechung eines Klischees lustig machten, fragten wir uns, was daran er wohl so dringend nötig habe. Die Szenerie, die sich uns bot, war derart grotesk, daß wir hinsichtlich einer Erklärung seines Verhaltens zwischen extremer persönlicher Eitelkeit und psychischem Defekt schwankten. Hier wurde der Sänger selbst zum Zitat, und zwar mit seiner gesamten schalumwickelten Person – irgendwie allerdings auch zur Karikatur. Er realisierte nicht, was um ihn herum passierte. Alle anderen sahen ihn – offensichtlich – und hörten ihn – wohl – beim Üben diverser Opernpartien während des Wartens auf die U2.

Üben in dieser und ähnlicher Form ist das Fortsetzen von alten Gewohnheiten, das der Entfaltung von wirklich Neuem im Wege steht. So stellen wir bei unseren Schülern immer wieder fest, daß ihr körperliches Funktionieren aus atemtypischer Sicht einer Vermischung von solaren und lunaren Prinzipien entspricht. Und wir wissen inzwischen, daß es immer »gute Gründe« gibt, sich gerade der gegentypischen Gegebenheiten zu bedienen. Immerhin lassen sich damit scheinbar schneller die gewünschten Ergebnisse erzielen. So auch beim Üben. Das Üben von Skalen rauf und runter gibt eben Sicherheit. Man weiß, wie es geht.

Was könnte alles passieren, wenn wir stattdessen auf Entdeckungsreise gehen würden? Wenn wir beispielsweise einzelne Gelenke behutsam in Bewegung setzen und dabei erleben und erforschen würden, wie sich diese Bewegung auf den Klang der Stimme auswirkt? Welche Räume dies im Körper verschließt oder öffnet? Was könnte passieren, wenn wir beim Singen mehr das *Wie* des Körpers fühlen und entdecken würden als den über das Ohr gehörten Klang zu kontrollieren? Was könnte passieren, wenn wir Kontrolle zur Abwechslung mal durch einen Spiegel ausüben würden, der die unbewußten gegentypischen Momente auffängt und bewußt macht?

So könnte Üben zu einem behutsamen und gelassenen Erforschen von Neuem werden, zu einem Offensein, das vielleicht auch die Bereitschaft zum Risiko einschließt. Solch ein Zugang zum Üben ist jedoch niemals quantitativer Natur, nicht Kontrolle und nicht Repertoire. Es ist das Erleben im Augenblick. Es ist das lustbetonte Spiel mit quasi kindlicher Neugier, das die Zeit vergessen macht und manchmal den alten Boden unter den Füßen wanken läßt. Aber warum nicht?

Und genau in dieser Form plädieren wir für Üben, Üben und nochmals Üben. Üben heißt für uns, sich dem zu öffnen, was kommen will, sich dem Potential zu verschreiben, das entfaltet werden möchte, und nicht, es zu vermeiden. Üben ist keine eitle Selbstbestätigung, nicht das Antreten eines Beweises. Üben ist der Mut, alles falsch zu machen und der bisher vermiedenen eigenen Kraft zu begegnen. Wirklich gute Lehrer haben daher immer die persönlichen Qualitäten und das besondere Potential ihrer Schüler zu fördern gewußt, haben ihnen ihre Vermeidungshaltungen gespiegelt und sie ermutigt, ihren eigenen Weg zu gehen.

Für die Entfaltung des persönlichen wie musikalischen Potentials braucht es Zeit und Geduld. Üben ist ein liebevolles Hinwenden zu sich selbst. Üben bedeutet das bewußte Erleben der persönlichen Rhythmen, des Wechselspiels von Aktivität und Passivität, von Spannung und Entspannung sowie anderer Gegensätzlichkeiten der menschlichen Natur. Theoretisches Verstehen allein bewahrt uns nicht vor Kontrolle und Manipulation unserer selbst durch uns selbst. Sogar das Üben selbst will täglich neu erfahren werden. Wir finden, Sie sollten mehr üben!

Atemtypen in der Chorarbeit

»Für den Einzel- und Sologesang ist das ja alles gut und schön. Wie aber sieht es mit den Atemtypen in der Chorarbeit aus?« »Muß man sie jetzt alle einteilen oder etwa die Hälfte rausschmeißen?« fragen Chorleiter. »Kann ich denn jetzt überhaupt noch im Chor singen, wenn doch mein Chorleiter mein Gegentyp ist?« fragen Chorsänger und -sängerinnen.

Stimmbildung im beziehungsweise für den Chor ist in vielen Chören ein Thema geworden. Selbst wenn es hin und wieder Chorleiter gibt, die so mit ihren Sängerinnen und Sängern arbeiten, daß Beweglichkeit und Transparenz auch in der Probenarbeit die Stimme fördert und pflegt, statt sie zu strapazieren, entwickeln alle über kurz oder lang die Vorstellung: Gute Chormusik braucht Sänger, die ein gewisses Bewußtsein vom Funktionieren ihrer Stimme haben und die dementsprechend mit ihrer Stimme umgehen können. Genauso brauchen aber auch Chorleiter ein Bewußtsein dafür, wie ihre Art der Chorleitung und Stimmbildung auf die Stimmen ihrer Sänger wirkt.

Wie ist die übliche Situation? Zu Beginn der Chorprobe gibt es in der Regel ein Einsingen. Ist der Chorleiter Ausatmer, so liegen ihm erfahrungsgemäß besonders die vielen Übungen am Herzen, die die Ausatmung aktivieren, etwa das beliebte geräuschvolle Ausatmen auf *f*, *pf*, unterstützt durch Kopfhängenlassen, oder der sogenannte *Lungenfeger.* Beliebt sind auch alle crescendierenden Vokalisenübungen etc. Und der besondere Hinweis auf die sogenannte »Bauchatmung« soll viele, an dieser Stelle noch spürbare, stimmtechnische Probleme regeln.

Ausatmer sind damit gut bedient. Einatmern geht es häufig anders: Ihnen wird schwindelig bei diesem forcierten Ausatmen, ihre Stimme wird matt, fängt an zu »drücken«, die »Luftgeräusche« auf der Stimme nehmen zu, kompensatorisch wird in der Lautstärke kräftig zugelegt. Und je nachdem, wie begeistert der Einatmer singt, fühlt er sich nach der Probe angestrengt und müde – es sei denn, er hat ein natürliches Stimmempfinden, das ihn seinen eigenen Weg finden läßt.

Ist der Chorleiter Einatmer, so liegen ihm natürlicherweise Übungen, die die Einatmungskapazität erweitern. Einatmer lieben ein kräftiges Einatmen vor dem Singen, das spritzige Sprechen von Verschlußkonsonanten *p*, *t*, *k*, oder das schnelle, hüpfende Singen von auf- und absteigenden Tonleitern auf *na,na,na* oder *mom,mom,mom* etc. Nicht daß das bei allen gleichermaßen im Sinne eines guten Einatmungsrhythmus funktioniert, aber Einatmer haben es hier besser.

Dafür bringt dies die Ausatmer aus ihrer Balance und treibt sie quasi in die aktive Brustatmung hinein. Wird darüber hinaus auch noch mit jedem Einsatz des Chorleiters die Aufforderung zur aktiven Einatmung mitgeliefert, so ist die für die Stimme anstrengende gegentypische Funktionsweise perfekt. Die Stimmen werden dünn, brechen in der Mittellage weg, wenn sie längere Phrasen führen sollen, und lassen jeden Basisklang vermissen.

Wie auch immer, das jeweils vorgegebene kommt nur einer Seite zugute, die andere kommt zu kurz. Und dies kann weder im Sinne der Chorleiter noch im Sinne der Chorsänger sein.

Nun kann es nicht darum gehen, zwei verschiedene Chorleiter zu beauftragen (solche Gedanken gibt es durchaus). Die Überlegung, die Auswahl der Chorsänger auf lunare *oder* solare zu beschränken, dürfte nicht wirklich ernsthaft sein. Vielmehr geht es unserer Erfahrung nach um das Bewußtsein für die Verschiedenheit dessen, was lunare und solare Stimmen brauchen. Nur dann kann gerade die Verschiedenheit eine lebendige Ergänzung sein, die sich natürlich auch im lebendigen Musizieren bemerkbar macht.

Um diese Verschiedenheit jedoch akzeptieren zu können, ist es wichtig, daß der Sänger in seiner *Eigentümlichkeit* fest verankert ist. Und dieses Verankern geht über ein Bewußtmachen der atemtypischen Körperfunktionen beim Atmen und Singen. Je besser die Sänger in ihrer stimmlich-typischen Eigenheit verankert sind, desto leichter fällt es ihnen, Andersartigkeit zu respektieren und sich musikalisch mit ihr zu verbinden. Denn das ist ja gerade der »Reichtum« von Chorklang, daß er ein musikalischer Verbund von Individualitäten ist.

Stattdessen finden wir in Chören bunt zusammengewürfelt Ausatmer und Einatmer. Sie stehen mehr oder weniger freiwillig nebeneinander, und in ihrem Stimmverhalten »stören« sie sich möglicherweise eher, als sich zu ergänzen. Statt in der eigentypischen Haltung und Stimmführung verankert zu sein und sich vom Nachbarn musikalisch anregen und mitreißen zu lassen, führt das Nebeneinander nicht selten zum Gegenteil: Der eine »schleppt«, der andere singt »zu tief«, der nächste kommt »zu spät«. Jeder erfahrene Chorsänger kennt die kleinen Schwachpunkte innerhalb des »Gesamtklanges« und das daraus resultierende Sozialgefüge. Der scheinbar nebensächliche Griff des Nachbarn an sein Ohr – nur zur eigenen Intonationskontrolle (natürlich!) – oder der indignierte Blick zur Seite schaffen endgültig auch psychisch Unsicherheit, Streß. Und Streß ist – das wissen wir inzwischen – gleichbedeutend mit dem Verlassen des eigenen atemtypischen Stimmverhaltens. Dies kann sich mehr oder weniger dadurch äußern, daß der Atem knapp wird, daß schwierige Töne nicht mehr einwandfrei ansprechen oder einfach dadurch, daß das Stehen unbequem wird. Unbewußt treten in solchen Situationen Gewohnheiten auf den Plan, die den aufkommenden Streß im Körper ausgleichen und lindern sollen, die letztlich aber genau das Gegenteil bewirken. Als erstes wird vielleicht die Haltung der Noten oder das Stehen verändert. Dann werden Bewegungsimpulse oder Muskelanspannungen, die sich irgendwann als hilfreich erwiesen haben, mehr oder weniger aktiv eingesetzt. Vielleicht hat mal ein Zusammenzwicken des Hinterns beim Erreichen von Spitzentönen geholfen oder ein aktives Stirnrunzeln oder Augenaufreißen. Vielleicht war es auch ein ruckartiges Nachhintenwerfen des Kopfes, ein seitliches Verziehen des Mundes oder ein Hochziehen der Wangen zum Lächeln – alles Muskelanspannungen, die inzwischen zu unbewußten Gewohnheiten geworden sind.

Läßt man als Zuhörer und Zuschauer den Blick durch einen Chor schweifen, sieht man in den Gesichtern der Sängerinnen und Sänger vielerlei »Aktivitäten«, die allerdings nicht verheimlichen können, daß hier eher »Not« als Leichtigkeit das Singen regiert. Aus vielleicht anfänglich entspanntem, beweglichem Tun ist Anstrengung und Verspanntheit geworden. Und das ist das sicherste Zeichen, daß hier inzwischen viele Muskeln mitarbeiten, die beim Singen nicht gebraucht werden und dem Stimmklang Resonanzfähigkeit und Beweglichkeit nehmen, statt sie ihm zu geben. Die Körperhaltung, die – wenn dem Atemtyp gemäß – richtiges Atmen und entsprechenden Stimmeinsatz nach sich zieht, ist mit jeder dieser »Bemühungen« ein Stück mehr verlorengegangen. Der Teufelskreis ist geschlossen. Das ganze endet vielleicht damit, daß der Chorleiter abbricht und verzweifelt bemerkt: »Was ist heute mit unserem Sopran los? Wir brauchen dringend Stimmbildung!«

Praktisch funktioniert Stimmbildung auf atemtypischer Grundlage am besten außerhalb der Gesamtproben. Je nach der zur Verfügung stehenden Zeit und den Mitteln ist es sinnvoll, in überschaubaren kleineren Gruppen oder einzeln Stimmbildungsübungen anzubieten, die das Bewußtsein für die eigene Stimme und ihr atemtypisches Muster in Verbindung mit der Körperhaltung vermitteln.

Natürlich gibt es auch bei dieser Art Stimmbildung ein paar Hürden zu überwinden. So manchem Chorleiter ist es unangenehm, die Sänger gleich als erstes nach ihrem Geburtsdatum zu fragen. Skeptische Anmerkungen, ob es sich hier etwa um astrologische Stimmbildung handle, bleiben sicher nicht aus. Aber bitte, wenn es mehr nicht ist. Je gelassener (solar) oder heiterer (lunar) der Stimmbildner sie nehmen kann, desto unwichtiger werden derartige Zweifel. Er kann beginnen, atemtypisch zu arbeiten, und einfach schauen, wie es wirkt. Je mehr die Chorsänger Zugang finden zu ihrem atemtypspezifischen Stimmansatz, der entsprechenden Stimmführung und zu ihrer eigentlichen Kraft und Leichtigkeit beim Singen, desto leichter werden die Gegensätze der Stimmen in der Musik vereinbar. Wenn die Sänger in ihrem Typ singen, stimmen *alle* zusammen, und seien die Unterschiede im Stimmcharakter auch noch so groß. Auf dieser Basis entsteht ein noch beweglicherer Chorklang, in dem die individuellen Unebenheiten verschmelzen können. Darüber hinaus werden die üblichen musikalischen Probleme des Chores um vieles gemildert: Unebenheiten in Intonation, rhythmischen Gegebenheiten und Tempo werden mehr und mehr gegenstandslos.

Zum Abschluß noch eine Bemerkung für die Chorsänger, die mit dem beginnenden Bewußtsein ihres Typs singen, aber in ihrem Chor keine Resonanz erfahren.

In der Regel ist es nicht nötig, den Chor zu verlassen. Sehr nötig aber – so glauben wir – ist es für Chorsänger, die dieses Ende schon befürchtet hatten, ihre Gewohnheiten im chorischen Singen genau zu überprüfen. Es ist immer ergiebig festzustellen, welches Stimmverhalten ihnen wirklich guttut und was ihre Stimme auf Dauer ruiniert. Häufig sind es nämlich gerade die Choristen, die – egal, wie es sich anfühlt – ihrer Stimme viel zu viel oder Falsches zumuten. Und »zu viel« oder »falsch« in unserem Sinne ist z. B. ein ununterbrochener Einsatz der gesamten Stimmkraft und Lautstärke, was den Gesamtklang eher unbeweglich und matt werden läßt. Sicher ist es immer gut gemeint, »die richtigen Töne durchsetzen« oder der »alles fordernden« Dirigierbewegung des Chorleiters gehorchen zu wollen. Aber ob lunar oder solar, Ein- oder Ausatmer, für alle gibt es ein gemeinsames Gebot der körperökonomischen Stimmführung: *Jeder muß die Ausgangsqualität für sein Singen wählen, die ihn seine Stimme fühlen und körperlich von der »richtigen Stelle« her führen läßt.* Zu lautstarkes Singen ist in der Regel körperlich eher erschöpfend statt regenerierend und führt besonders in der Halsregion auf Dauer zu Belastungen.

Stimmtypisches Führen der Stimme im Sinne eines beweglichen Chorklanges dagegen bedeutet

> ein bewegliches Spannen und Lösen der Muskulatur, die atemtypisch dafür vorgesehen ist: für den Einatmer die Dehnungs- und Einatmungsmukulatur des Brustkorbs und für den Ausatmer die Verengungs- und rückwärtige Flankenmuskulatur.

Ist die Aufmerksamkeit wirksam an der »richtigen Stelle« gebunden, kann sich ein körperliches und musikalisches Empfinden einstellen, das Lautstärke und Klangqualität aus einer inneren Dynamik des Körpers und aus der Musik entstehen, aufblühen und wieder verschwinden läßt. Nimmt der Sänger dazu die atemtypische Haltung ein, dann kann in Verbindung mit Geduld und Humor eigentlich jede Chorsituation der eigenen Stimmentfaltung förderlich sein.

Atemtypen im Instrumentalspiel

Jeder Musiker arbeitet Zeit seines Lebens an der Umsetzung seiner künstlerischen Absichten und an deren Transformation über das Instrument. Damit sein Medium klar für ihn sprechen kann, bedarf es einer speziellen Zuwendung. Jeder Musiker hat eine Beziehung zu seinem Instrument. Und diese Beziehung wird gepflegt, auf die eine oder andere Art. So hört man von Geigern, die sich im Hotel prinzipiell ein Doppelzimmer geben lassen, damit ihr Instrument einen eigenen Schlafplatz hat. Auch von einer Pianistin wird erzählt, die auf die Frage, ob sie in ihrem großen Hause allein lebe, liebevoll auf ihren Flügel deutend antwortete: »Ich bin mit der Musik verheiratet.« Jimi Hendrix liebte seine Gitarre auf der Bühne, tauschte mit ihr Zärtlichkeiten aus, um sie dann vor Tausenden von Fans zu zerschlagen oder gar zu verbrennen.

Musiker lieben oder hassen ihr Instrument – beides oft zu gleichen Anteilen. Denn einerseits verschafft ihnen dieses *Ding* die süßesten Momente, ekstatische Augenblicke während eines Konzerts. Andererseits bindet es sie an einen Ausdrucksrahmen, der durch die begrenzten instrumentalen Möglichkeiten gesetzt ist – schließlich ist eine Blockflöte kein Cembalo. Oder es läßt sie nicht einmal Urlaub machen, denn das Piano möchte nicht allein gelassen werden.

Eine Instrumentalausbildung an der Hochschule dauert heute bis zu acht Studienjahre. Wenn man bedenkt, daß vorher schon jahrelang gearbeitet wurde und das Lernen und Weiterentwickeln auch nachher nicht abgeschlossen ist, kann man ohne weiteres von einer lebenslangen Bindung sprechen. Zwar gab und gibt es immer wieder sogenannte Genies oder Wunderkinder, Musiker, die nicht viel oder kaum üben, aber die sind wohl eher die Ausnahme von der Regel.

Normalerweise verbringt ein Musiker täglich mehrere Stunden an seinem Instrument. Er kommt in gewissem Sinne einer geregelten Beschäftigung nach, fast wie jemand mit einem Bürojob. Die Arbeit am Instrument umfaßt ein Programm zum Erreichen eines virtuos-technischen Niveaus, das dem Künstler ein Handwerkszeug zur Verfügung stellt, mit dem sich Musik machen läßt. Der technische Standard will erhalten bleiben, und daher ist ein Instrumentalist in der Regel angehalten, permanent an seinen Fähigkeiten zu arbeiten. Abgesehen davon, daß er natürlich ein gutes Instrument braucht, muß er sich um die Erhaltung seiner körperlichen Leistungsfähigkeit kümmern, denn diese erst bietet die Voraussetzung für eine Kommunikation mit dem Instrument. Und so verwundert es gar nicht, daß Menuhin mit Yoga beschäftigt war und Karajan mit Zen. Es wird ein Ausgleich gesucht für die einseitigen Belastungen, die ein Musikerberuf mit sich bringen kann. Daß diese Belastungen instrumentalspezifisch sind, versteht sich von selbst. An den Körper einer Cellistin sind andere Anforderungen gestellt als an den eines Schlagzeugers, und eine Pianistin wird sich mit anderen Verspannungen herumzuschlagen haben als ein Trompeter.

Verspannungen, Blockaden, Körperpanzerungen[1] und Haltungsprobleme sind Themen, die schon viele Körpertherapeuten beschäftigt haben. Man sollte meinen, daß diese Fragen für Sänger – abgesehen von der Kopfhaltung vielleicht – weniger wichtig sind als für Instrumentalisten, solange die Kehle *anständige* Töne freigibt. Wir haben uns an anderer Stelle bereits damit beschäftigt[2], und dabei ist deutlich geworden: *All das ist für Sänger gleichermaßen wichtig!*

Hier sollen uns jedoch in erster Linie die Instrumentalisten beschäftigen. Für sie ist dieses Thema von nicht unerheblicher Bedeutung, wenn man bedenkt, daß sie mit ihrem Körper und seiner Funktionalität maßgeblich am musikalischen Prozeß beteiligt sind. Am Beispiel eines Geigers wird sofort klar, daß die Ausübung seines Spiels eine besondere Körperdisposition verlangt, die hörbare Auswirkungen auf die Musik hat. Sein Muskelspiel muß so *körperökonomisch* leicht und beweglich sein, daß die Energie zwischen ihm und dem Instrument frei fließen kann. Jeder noch so kleine Umweg seiner Gelenke bedeutet eine Einbuße seines musikalischen und technischen Ausdrucksvermögens und kann auf Dauer gravierende gesundheitliche Schäden verursachen. Der Körper eines Musikers will geschmeidig gehalten werden, ähnlich wie der eines Sportlers. Geschieht das nicht (durch Faulheit oder oftmals auch durch Unwissenheit), machen die Folgen einer jahrelangen einseitigen Belastung nicht selten einen Berufswechsel erforderlich. Schade, denn man hat doch immerhin viele Jahre an Arbeit investiert.

Nicht zuletzt deswegen gibt es inzwischen besonders spezialisierte Ärzte und erste Kliniken, die Musikerschäden behandeln. Und angesichts der rapide ansteigenden Zahl von Problemfällen dieser Art ist man sich in schulmedizinischen Kreisen nicht mehr sicher, ob das Musizieren überhaupt als gesundheitsförderlich angesehen werden kann. Das stundenlange Halten eines Instrumentes gehört eben nicht unbedingt zu den natürlichen, im menschlichen Bewegungsprogramm vorgesehenen Funktionsabläufen. Um so mehr bedarf es hier einer Körperökonomie und entsprechender Körperbewußtheit, die bei geringster Kraftanstrengung der Muskulatur den optimalen Energiefluß für das Instrumentalspiel garantiert.

Welche Körperhaltung ist für welches Instrument die richtige? In der Praxis weiß man, daß viele verschiedene Anweisungen von vielen verschiedenen Lehrern gegeben werden. Und alle diese Richtigkeiten konkurrieren mehr oder weniger miteinander! Das große Geheimnis, das mitunter um den haltungsmäßigen Zugang zum Instrument gemacht wird, kann bei jungen Musikern eine nicht minder große Verwirrung verursachen. Sagt doch die eine Schule nicht selten das genaue Gegenteil der anderen. Wie mach ich's denn nun richtig? Diese Frage bekommen wir nicht selten von unseren Schülern zu hören. Und oftmals nehmen wir beim Fragenden auch schon einen gewissen Überdruß sowie entsprechende körperliche Verstocktheit wahr. Denn nach der vierten, der fünften oder gar xten Haltungsumstellung kann einen doch wirklich die Verzweiflung packen. Schließlich will man sich ja lieber mit dem Musizieren an sich beschäftigen und nicht immerzu irgendwelche blöden Haltungsfragen klären.

Doch was will man machen, wenn die Schmerzen in der Schulter nicht nachlassen, die Atemprobleme nach wie vor eklatant sind, mit den psychischen Belastungen (etwa im Hinblick auf Vorspielsituationen) kein Zurechtkommen ist und auch die Entzündung der Sehnenscheiden nicht ausheilen will?

Haltung ist für jeden Instrumentalisten etwas Lebensnotwendiges. Von seinem Herzen und durch seinen Körper hindurch fließt die Energie hin zum Instrument, durch das Instrument hindurch, um letztlich ihren Zielpunkt, die Herzen der Zuhörer, zu erreichen. Auf dem Wege zu ihrem Ziel durchläuft diese künstlerische Ausdrucksenergie – oder nennen wir es Liebe – viele, viele Instanzen. Jedes Gelenk im menschlichen Körper ist eine solche Instanz! Und in jeder Instanz entscheidet sich, ob die Energie ungehindert weiterfließen kann oder nicht. Das bedeutet: In jedem Gelenk hat ein Musiker die Möglichkeit, Energie fließen zu lassen oder zu blockieren. Natürlich tut er das nicht bewußt. Vielmehr entscheidet die Situation, oder besser gesagt der Zustand des Gelenkes darüber, ob die Energie fließen kann oder nicht.

Ein Beispiel dafür, was passieren kann, wenn sich ein blockierter Zustand verändert, ist folgendes Erlebnis, das wir mit einer lunaren Schülerin hatten. Eigentlich war sie Cellostudentin. Zu uns war sie gekommen, um Körperarbeit zu machen und zu singen. Ihr Cello spielte dabei lange keine Rolle nach dem Motto: »Irgendwann muß ich an das Thema wohl auch noch mal ran.« Auf Dauer ließ es sich jedoch nicht aussparen und war in ihrem Hinterkopf neben dem sicherlich sehr sinnvollen Anliegen der »gesundheitlichen Förderung« immer präsent. Das Cello war ganz klar ihr Instrument (denn seit ihrem fünften Lebensjahr wußte sie, daß sie Cellistin werden wollte), aber irgendwie kam sie schon eine ganze Zeit lang nicht mehr damit zurecht. Und auch ihr Lehrer war manchmal richtig ratlos: »Komisch, immer wenn du zur Tür hereinkommst, freue ich mich über deine Lebendigkeit, und wenn du dann am Cello sitzt, verschwindet das alles, und du wirkst so statisch und leblos.« Also brachte sie irgendwann – nachdem sie schon eine Weile die Wilkschen Körperübungen gemacht hatte – doch ihr Instrument mit, und wir schauten gemeinsam.

Ja, tatsächlich! Kaum hatte sie ihre Sitzposition am Cello eingenommen, veränderte sich ihre gesamte Ausstrahlung. Sie saß kerzengerade, wurde streng und steif und gab auf diese Art deutlich Auskunft darüber, wie man an einem Cello zu sitzen hat und was alles *nicht* geht. Wir probierten in diesem Rahmen; es gab eigentlich keine Lösung, denn an einem Cello *muß man eigentlich so und nicht anders sitzen.* Bis wir auf die eher komische Idee kamen, alle Haltungsanforderungen über Bord zu werfen und sie mitsamt ihrem Cello auf das bereitstehende Sofa zu verfrachten. Ihr Auftrag lautete, es sich gemütlich zu machen. Sie fletzte sich keck in *halb liegende Position*, ihr Cello mehr über als vor sich, und begann, was ja eh nicht gehen konnte, nämlich Cello zu spielen. Es ergab – wir trauten unseren Ohren nicht – einen Klang, der uns die Tränen über das Gesicht laufen ließ.

Sie hatte letztlich nichts anderes getan, als sich – allen Haltungsanweisungen zum Trotz – in eine Position zu bringen, die ihren Atem förderte. Ihr Körper konnte dadurch in einen Zustand *wohliger Span-*

nung gelangen, und ihre Lebendigkeit und Leistungsbereitschaft in bezug auf ihr Cello wurden quasi ganz nebenbei gefördert. Die wesentlichen Gelenke schienen auf diese Weise in einen Zustand optimaler Durchlässigkeit zu kommen. Die Energie floß, und die prompte Wirkung blieb nicht aus.

Hier liegt die besondere Bedeutung der von Erich Wilk entwickelten Körperübungen. Aufbauend auf seiner Einsicht, daß in jedem Gelenk entweder durch Beugung oder Streckung des damit verbundenen Körperteiles (z. B. Hand oder Fuß) die Tür zu einem freieren Energiefluß geöffnet wird, fand er zu diesem Körperprogramm, dessen Auswirkungen schon so manchen verblüfft haben. Denn in dem Moment, wo die Energie freier fließt, werden die körpereigenen Selbstheilungskräfte zusätzlich aktiviert. Nicht nur, daß sich Verspannungen und Blockaden wesentlich leichter auflösen lassen, auch bei schwerwiegenderen Problemen oder chronischen Krankheiten tritt oftmals rapide Besserung ein. Über ihre Erfahrungen mit den Übungen im medizinisch-therapeutischen Bereich hat Charlotte Hagena in ihrem Buch ausführlich berichtet.[3]

Mit Hilfe dieser Übungen kann der Instrumentalist sozusagen zwei Fliegen mit einer Klappe schlagen. Er hat eine effiziente Möglichkeit, seinen berufsmäßig bedingten Körperproblemen zu begegnen, und kann darüber hinaus einen völlig anderen, weil reibungslosen Fluß des Ausdrucks von seinem Körper über das Instrument hin zum Publikum bewirken. Instrumentalisten, die immer wieder mit uns arbeiten, berichten, daß sich ihr Spiel völlig verändert hat, daß es wesentlich kraftvoller, lebendiger und ausdrucksstärker geworden ist. Gleichzeitig hätten sie technisch-körperlich viel weniger Probleme und Mühen als früher.

Nun warten Sie sicherlich ganz gespannt darauf, daß wir dieses Übungsprogramm anführen, das Sie sofort über alle musikalisch-technischen Probleme erhaben macht. Oder daß Fragen der Haltung an spezifischen Instrumenten hier ein für allemal geklärt werden. Seien Sie bitte nicht böse, wenn wir das nicht tun!

Zwar sind diese Übungen so einfach, daß sie den natürlichen Bewegungen von Kindern abgeschaut sein könnten, aber sie entfalten ihre Wirkung nur dann, wenn sie richtig, d. h. mit einem praktischen Verständnis der Atemtypen und entsprechender körperlicher Bewußtheit und Aufmerksamkeit ausgeführt werden. Um die Übungen zu lernen, braucht man Zeit und Geduld, eine gute individuelle Anleitung und regelmäßige Kontrolle. Dann entfalten sie ihren Reichtum in unseren Körpern und fördern darüber hinaus auch noch unsere Atemkapazität. Setzt man sie mit gymnastischen Übungen gleich, sind sie nutzlos.

Wir wollen nun zeigen, wie atemtypische Körperhaltung und hohes musikalisches Ausdrucksniveau zusammenwirken können. Welche Körperhaltung haben Musiker, die durch ihr hohes künstlerisches Niveau berühmt geworden sind? An ausgewählten Beispielen werden die Prinzipien der lunaren/solaren Körperhaltung erkennbar und, so hoffen wir, ein bißchen lebendig.

Dirigenten

Beginnen wir mit den Körperpositionen beim Dirigieren. Arthur Nikisch war Ausatmer, Richad Wagner war Einatmer. Beide demonstrieren hier das atemtypische Stehen mit der für den jeweiligen Typ wesentlichen Bewegungsrichtung.

Artur Nikisch zeigt in seiner Gesamthaltung eine klare statische Linie. Die leicht geneigte Kopfhaltung in Verbindung mit der klar abwärts gerichteten Handhaltung geben seiner Köperhaltung eine zentrierende, in sich gesammelte solare Aussstrahlung. Vielleicht ist es interessant zu wissen, daß auch Herbert von Karajan und Sergiu Celibidache zu den solaren Dirigenten zählen.

Die Abbildung von Anton Bruckner zeigt im Gegensatz dazu eine lunare Körperhaltung. Deutlich wird sie durch die raumgreifende, sich nach oben ausdehnende Bewegung von Armen und Brustkorb. Der Kopf gibt dieser Bewegung nach.

Weitere bekannte Beispiele für dynamisches (lunares) Musizieren waren Furtwängler und Leonhard Bernstein. Mit ihm leiten wir auch gleich zur dynamischen, d. h. lunaren Körperhaltung am Klavier über.

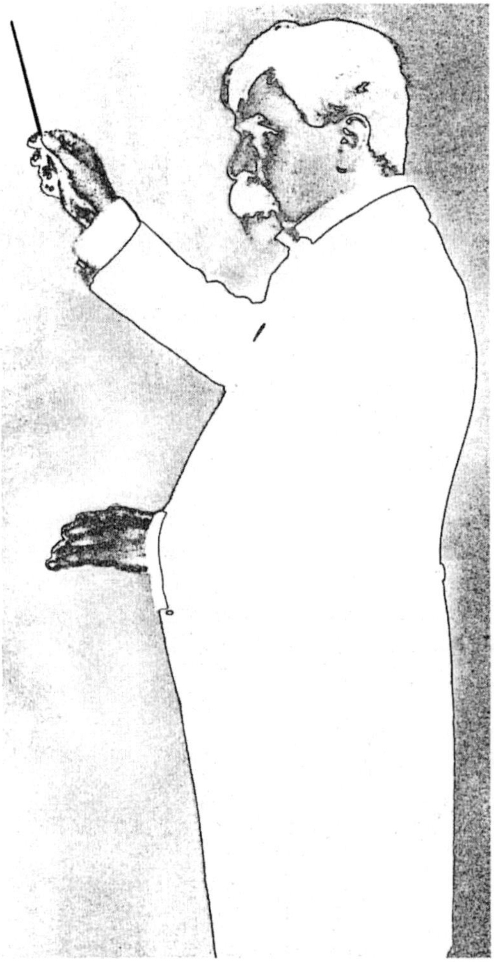

Artur Nikisch

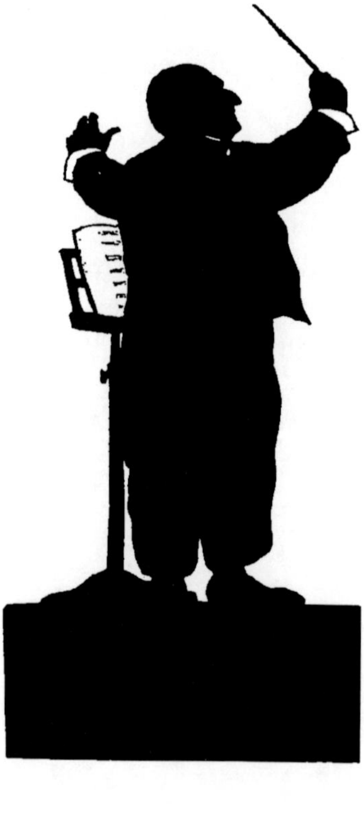

Anton Bruckner

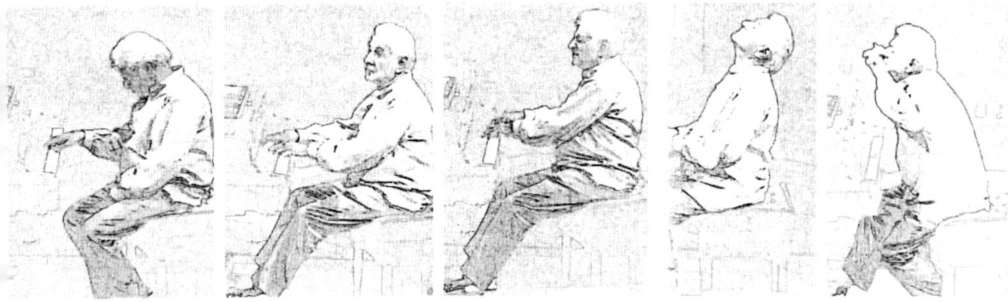

Leonard Bernstein

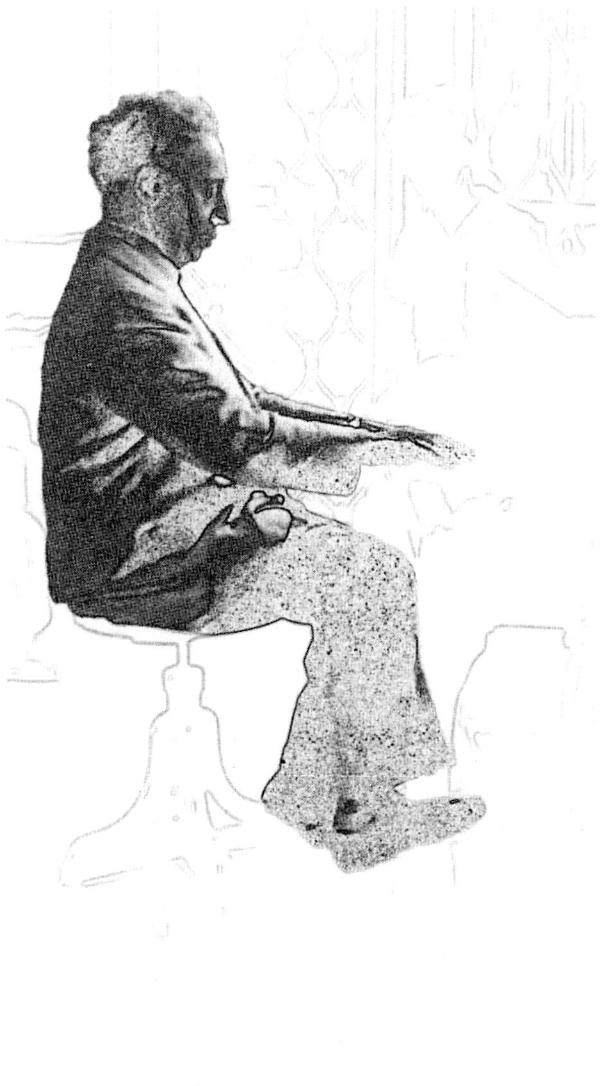

Arthur Rubinstein

Pianisten

Alle konventionell üblichen Vorstellungen von »gesunder« Sitzhaltung am Klavier werden mit der Fotoserie von Leonard Bernstein durchkreuzt. Sie zeigt, wie sich ein Musiker unter Ausnutzung seiner lunaren Sitzposition in musikalische Ekstase spielt. Die dynamische Dehnung der gesamten Rückenmuskulatur sorgt im Bereich der Brust- und Lendenwirbelsäule für eine »Rundung«, die in Verbindung mit dem aktiven Nachhintenwerfen des Kopfes die musikalische Ausdruckskraft geradezu beflügelt. Die Handgelenke sind dieser Sitzhaltung angepaßt und ihrer lunaren Natur nach in eher gebeugter Haltung aktiv.

Dem völlig entgegengesetzt ist die Haltung Arthur Rubinsteins. Er sitzt mit gerade aufgerichteter Wirbelsäule und leicht geneigtem Kopf an seinem Instrument. Auf sein Zentrum ausgerichtet wirkt er, der solaren Ausstrahlung entsprechend, gesammelt und ruhig.

Streichinstrumente

Violine

Anne-Sophie Mutter steht für die solare Position am Instrument und Jascha Heifetz für die lunare. Auch hier läßt sich die dem Atemtyp entsprechende Bewegungsrichtung erkennen. Während in der solaren Haltung Spiel und Bewegungsrichtung die vertikale Linie einhalten, wird beim Dynamiker auch an diesem Instrument eine räumliche Aufwärtsrichtung in der Haltung des Instruments ersichtlich. Wird dieses Instrument im Stehen gespielt, kommt dem Standbein besondere Bedeutung zu. Der Solare muß sein Standbein links und der Lunare sein Standbein rechts wählen, um die atemtypische Dynamik zu unterstützen.

Besonders ist hier noch einmal die Haltung von Victor Pikaisen (lunar) im Sitzen zu erwähnen, gerade weil sie für unsere zeitgenössische Vor-

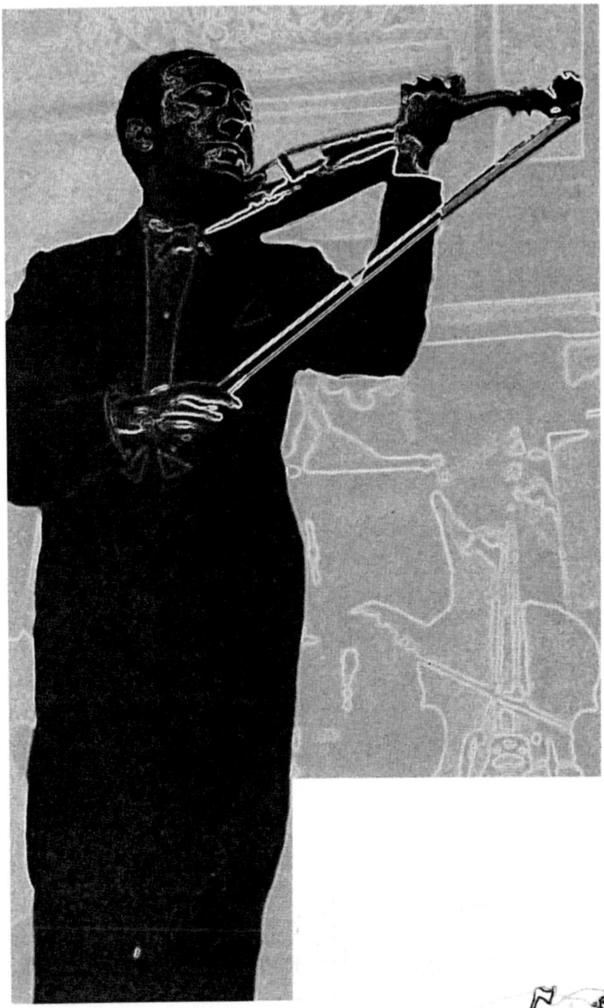

Jascha Heifetz

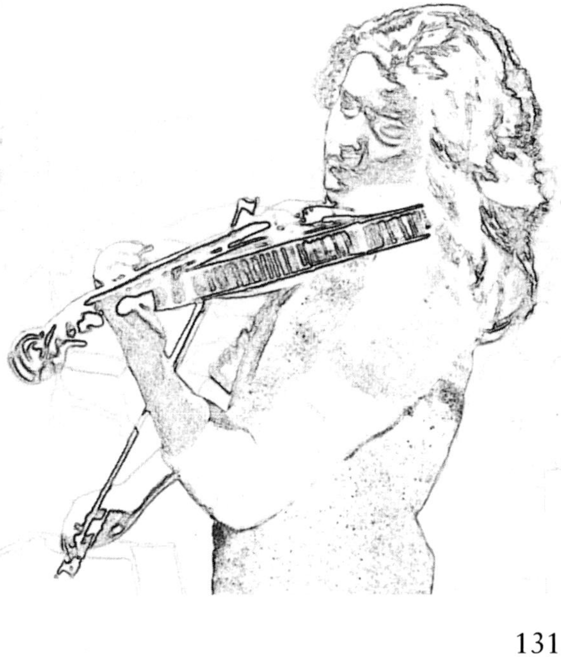

Anne-Sophie Mutter

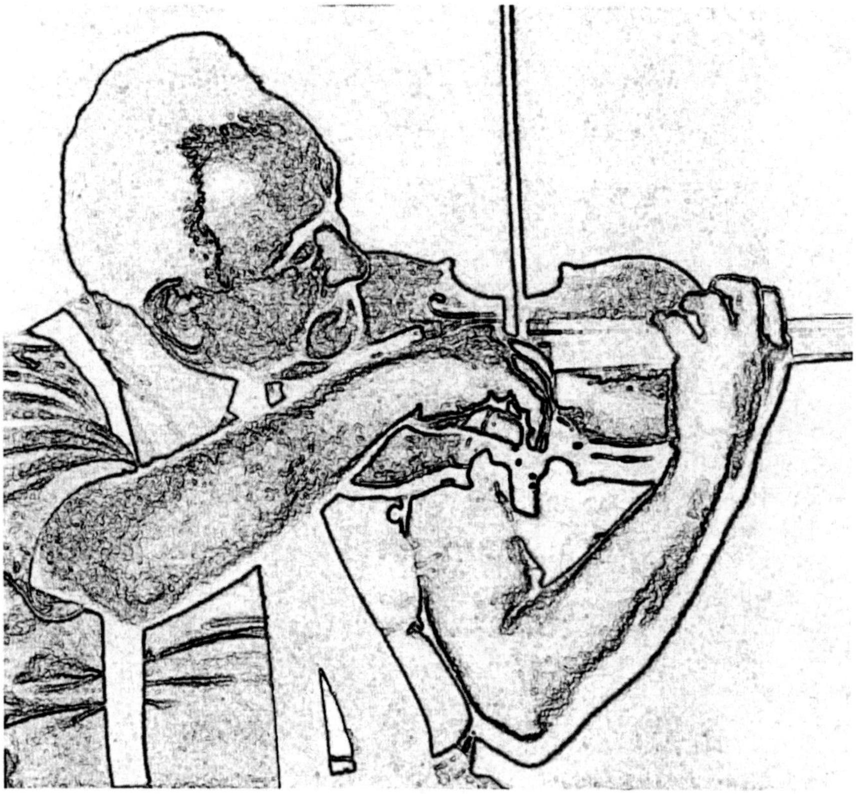

Victor Pikaisen

stellung von Haltung ungewöhnlich ist. Es kann für die Spieldynamik im Sitzen sehr wirksam sein, die Hauptbeweglichkeit in der räumlichen Horizontale zu verankern – quasi als *Bewegung um das Instrument herum.*

Cello

Ähnliches wie an der Geige können wir auch in der Haltung am Cello wiederfinden. Während das Instrument in der solaren Haltung ziemlich steil aufrecht steht, befindet es sich in der lunaren Haltung eher in geneigter »liegender« Position.

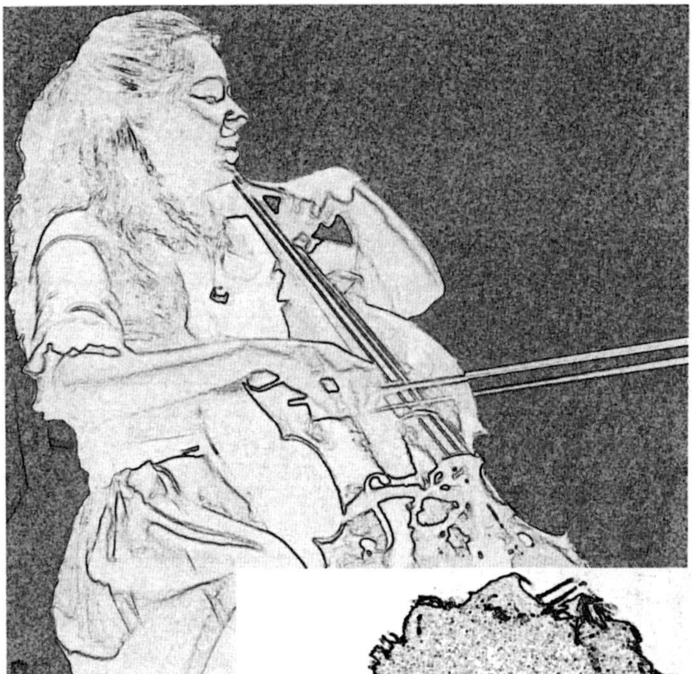

Jacqueline du Prè

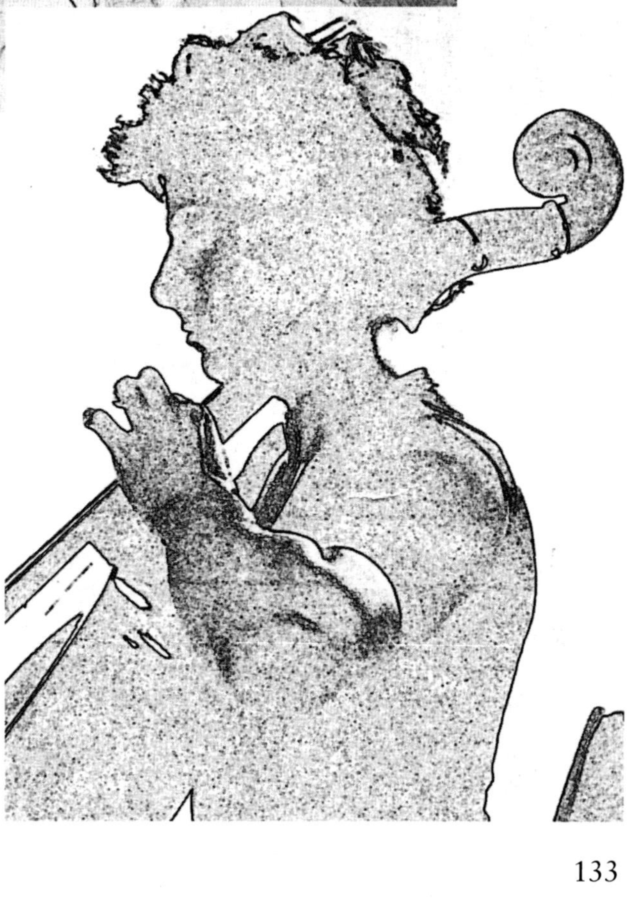

Esther Nyffenegger

Bei Esther Nyffenegger ist außerdem die Arm- und Handhaltung gut als solar zu erkennen – eine vom Körper in etwa 45Grad abgewinkelte Armhaltung mit nach außen gestrecktem Handgelenk. Die Wirbelsäule ist im Sitzen gerade aufgerichtet, der Kopf ist leicht geneigt.

Ganz anders die Haltung von Jacqueline du Prè. Bei ihr läßt sich – ähnlich deutlich wie bei Leonhard Bernstein – die lunare Dynamik erkennen. In nach hinten gelehnter Sitzhaltung nimmt die im Brustkorb entstehende räumlich sich ausdehnende Bewegungskraft mit intensiver werdendem Spiel dynamisch zu. Ihre Handhaltung ist gut sichtbar und im Gegensatz zu der Esther Nyffeneggers eine gebeugte.

Bläser

Aus der Gruppe der Bläser stellen wir zwei Flötisten vor. Wolf Meyer (lunar) und S. Kudo (solar). Besonders deutlich ist der solare Stand Kudos zu erkennen: linkes Bein als Standbein, gerade auf dem Kreuz ruhende, nach vorn geneigte Wirbelsäule und entsprechende Kopfhaltung. Bei Wolf Meyer ist die aktiv aufwärts gerichtete Bewegung und Kopfhaltung deutlich zu erkennen.

Auf der Suche nach geeignetem Bildmaterial für die Bläser, haben wir durchaus Bemerkenswertes – am Anfang eher Irritierendes – erfahren können. Beim Stichwort »Blech« kamen uns als erstes Musiker aus dem Jazz in den Sinn – eine etwas abwechslungsreichere Palette, so dachten wir. Aber wir fanden dort so gut wie keine Bläser, deren Körperhaltung am Instrument ihrem jeweiligen Atemtyp entsprach. Nachdem uns dies nicht nur ein- oder zweimal passiert war, begannen wir nach den möglichen Gründen zu fragen. Sollte das etwa heißen, daß unsere ganzen Erfahrungen nicht stimmen? Oder daß so viele berühmte Jazzmusiker gegen ihren Typ leben? Wir konnten diese Frage bisher nicht beantworten, aber sie scheint uns interessant: Gibt es einen Zusammenhang zwischen den Lebensumständen dieser Musiker und ihrem jeweils typenfremden Stil? Wer weiß.

Wolf Meyer

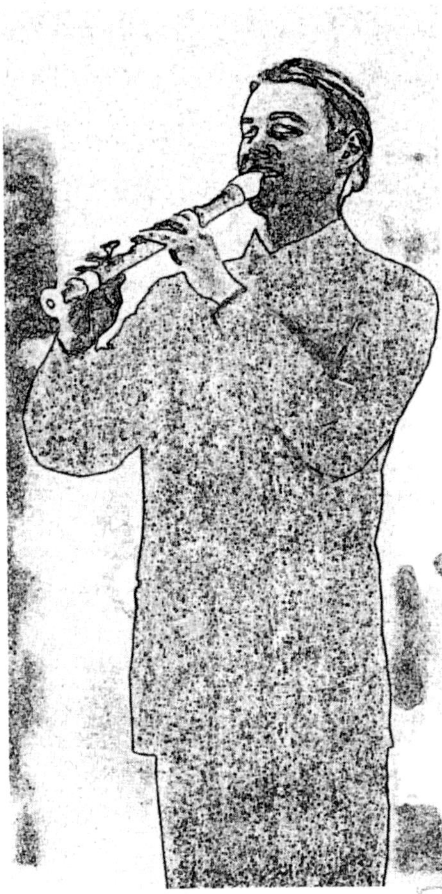

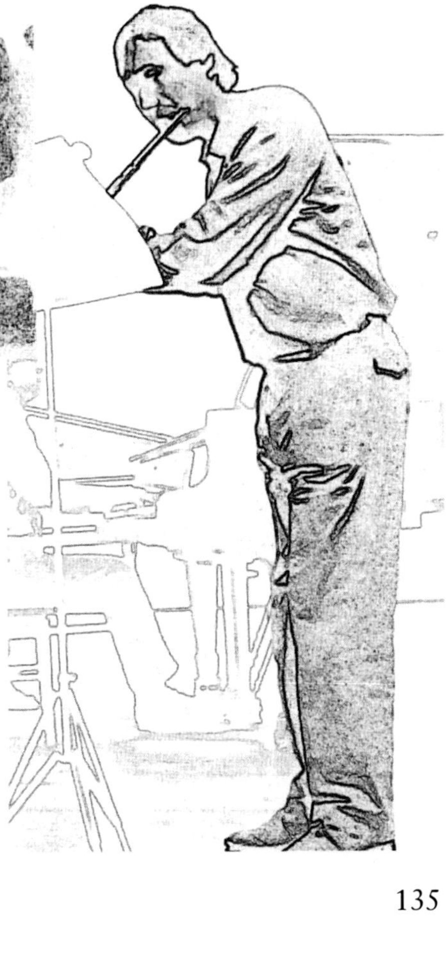

S. Kudo

Die Schüler-Lehrer Beziehung im Lichte der Typenpolarität

Eine der angenehmen Seiten eines Berufes, der viele Reisen mit sich bringt, ist, daß man eine Menge interessanter Leute kennenlernt. Da wir beide eine ganz besondere Vorliebe für Griechenland haben, wollten wir das Angenehme mit dem Nützlichen verbinden und gaben wiederholt Seminare in Griechenland. So kam es, daß wir in einem kleinen Nest in Mittelgriechenland eine ziemlich bekannte Konzertpianistin kennenlernten. Sie hatte lange Jahre an der Mailänder Scala als Korrepetitorin gearbeitet, weltweit Konzerte gegeben und schließlich am Konservatorium in Athen eine Professur angenommen. Diese Dame hatte von unserer Arbeit gehört und war neugierig geworden. Eines Tages erschien sie mit einer Schülerin, die sie uns als eine ihrer begabtesten vorstellte. Allerdings komme sie jedesmal, wenn sie auf die Bühne gehe, in einen Zustand, wo man nicht genau wisse, ob sie die nächste Viertelstunde überstehe. Das ist natürlich keine optimale Situation für eine angehende Konzertpianistin.

Da wir ja immer sehr neugierig sind, was die Möglichkeiten der musikalischen Leistungssteigerung anbelangt, nahmen wir uns die junge Dame eingehender vor. Wir fanden heraus, daß sie ein solarer Typ war, und richteten zunächst ihre Körperhaltung entsprechend ein. Die Stellung der Arme und Hände wurde gemäß ihres Atemtypes korrigiert und ebenso ihre Sitzhaltung. Dann begannen wir mit Atemübungen direkt am Instrument und arbeiteten schließlich an den Möglichkeiten für einen reibungslosen Transformationsprozeß hin zum Instrument. Nach einer halben Stunde schien unsere Arbeit beendet, denn sie spielte die Scriabin Preludes in einer Art und Weise, die uns tief berührte. Als Frau Professor den Raum wieder betrat und ihre Schülerin spielen hörte, fragte sie nur: »Was haben Sie mit ihr gemacht, sie ist ja nicht wiederzuerkennen?« Und als wir ihr entgegneten: »Wir haben halt ein bißchen geatmet«, war ihre Antwort: »Na, das sage ich ihr doch schon seit Jahren, daß sie atmen soll!« Und sie selbst atmete ebenso demonstrativ wie kräftig *ein.*

Mit einem Mal wurde uns klar, welches Problem hier vorlag. Frau Professor war ein lunarer Typ, unsere Tabelle bestätigte das dann auch sofort, ihre Lieblingsschülerin jedoch war solar. Es folgten lange Dispute über die Handhaltung bei Pianisten, denn schließlich hatten wir hier heiliges Land betreten. Aber die Schülerin spielte einfach besser, und das hatte ihre Lehrerin ja wohl am besten herausgehört. Wir hatten bis dahin nicht geahnt, daß entgegengesetzte Typen im Schüler-Lehrer-Verhältnis ganz spezifische Schwierigkeiten mit sich bringen, denen sich zumindest der Lehrer oder die Lehrerin ständig bewußt sein sollte. Denn ein wesentliches Moment im Entwicklungsprozeß eines Studierenden stellen die nonverbalen Abläufe dar, also jene vom Lehrer nicht ausdrücklich eingeforderten, sondern durch imitatorisches Verhalten seitens des Schülers eingeleiteten Lernvorgänge. Der Lehrer ist immer auch so etwas wie ein Vorbild. Und daher ist es eigentlich durchaus natürlich, daß der Schüler den Lehrer nachahmt. Das geschieht oftmals, weil er sich in vielen Dingen mit dem Lehrer, seinem Vorbild identifiziert, und das nicht nur in fachlicher Hinsicht. Man sah schon Schüler, die gekleidet waren wie ihr Lehrer, die sprachen wie ihr Lehrer und so manches andere.

Imitation ist ein wesentliches Merkmal im Prozeß des Lernens. Es ist, als ob der Lehrer eine Art energetische Matrix zur Verfügung stellt, in die der Schüler sich einpassen möchte. Und wenn er hineinpaßt, kann das ganz wunderbar sein. Er wächst, seinem Idol folgend, über sich selbst und damit über seine bisherige Begrenztheit hinaus und entfaltet völlig neue Kapazitäten. Der Weg zur musikalischen Selbstverwirklichung läuft hier wahrscheinlich relativ reibungslos über den Lehrer und wird natürlich von diesem gefördert.

Ein Problem liegt jedoch dann vor, wenn der Schüler nicht in die vom Lehrer vorgestellte Matrix hineinpaßt, weil sie gemäß der Atemtypenlehre nicht seiner Natur entspricht. Ähnlich wie in oben erwähntem Beispiel läuft dann vieles quer. Der Schüler wird die von ihm erwartete Leistung nicht erbringen können. Er wird immer wieder mit seiner funktionsmäßigen Gegensätzlichkeit konfrontiert sein. Er wird unter Umständen sogar das Gefühl bekommen, völlig unfähig zu sein, selbst wenn er zunächst als überaus begabt galt. Alle Versuche, sich am Lehrer oder dessen Vorgaben zu orientieren, laufen in eine für ihn völlig falsche Richtung, eben seiner Natur entgegen. Und von einer musikalischen Selbstverwirklichung kann in dem Moment nicht mehr die Rede sein, wo der Schüler auf diese Art zu hadern beginnt.

»Was, jetzt kann ich wieder so atmen?« »Als Kind habe ich auf diese Art und Weise geatmet, habe es mir jedoch im Zuge meiner Ausbildung richtiggehend abgewöhnen müssen.« Dieses und ähnliches hören wir von vielen Musikern, welche eine Matrix wider ihre eigene Natur angenommen haben und damit früher oder später in eine Sackgasse gerieten. Und meistens stellt sich heraus, daß es sich bei ihren Lehrern um Gegentypen handelte.

Dies war einer der Gründe, warum wir nach Jahren des Ausprobierens dazu übergegangen sind, Fortbildungen für Musikpädagogen anzubieten. Denn es passierte immer öfter, daß Kursteilnehmer ihre Lehrer mitbrachten, weil diese endlich einmal überprüfen wollten, was es mit dieser seltsamen Typenlehre auf sich hat. Derartige Experimente funktionierten bisher immer sehr gut. Denn auch hier galt: *In dem Augenblick, wo es hörbar wird, sind alle Zweifel und »kritischen« Gedanken verflogen.* An dieser Stelle ist es auch angebracht, allen Kollegen und Kolleginnen zu danken, die den Mut hatten, vor sich selbst und anderen einzugestehen, daß sie im Moment mit einem Studenten nicht weiterkommen.

Natürlich ist es schwierig für einen Lehrer, davon auszugehen, daß seine Schüler nicht so funktionieren wie er selbst. Und sogar völlig entgegengesetzt? Diese Tatsache zu akzeptieren, ist für jeden Stimmbildner und Instrumentallehrer eine sehr große Herausforderung. Es ist, als müßte man sich selbst auf den Kopf stellen, um dieses umgekehrte Weltbild, das der Schüler präsentiert, verstehen und fördernd mitgestalten zu können. Wer aber steht schon gern auf dem Kopf? Besonders wenn es um Weltbilder und die damit verbundenen Sicherheitsgefühle geht. Mancher Hochschullehrer glaubt möglicherweise, seinen Ruf als »guter Lehrer« zu verlieren, wenn er zugibt, daß jetzt plötzlich alles anders ist.

Andererseits haben wir mit vielen Studenten gearbeitet, die an diesem Phänomen beinahe gescheitert wären. War bis zu einem gewissen Entwicklungspunkt die Kommunikation zwischen Lehrer und Schüler reibungslos verlaufen, so taten sich plötzlich Schwierigkeiten auf. Der Lehrer wußte nicht mehr mit den Problemen des Schülers umzugehen, und die Angebote, die er bezüglich des Umgangs mit einer spezifischen Schwierigkeit machte, griffen nicht wirklich, weil er ja von sich selbst (dem Gegentyp) als Bezugspunkt ausging.

Hier kommt der nicht leicht zu handhabende Aspekt der Verantwortung mit ins Spiel. Der Lehrer trägt in gewissem Sinne eine Verantwortung für die musikalische Entwicklung seines Schülers. Verantwortung kann in diesem Sinne jedoch nur heißen, *auf die ganz spezielle Situation des Schülers bzw. die sich daraus ergebenden Probleme und Fragen zu antworten.*

Lehrer haben etwas für sich herausgefunden, soviel ist klar. Wollen sie aber jemandem weiterhelfen, der grundlegend anders ist und anders funktioniert als sie, so ist für ein Gelingen dieses Unternehmens wesentlich, daß sie das völlige Gegenteil von dem, was sie selbst darstellen, nicht nur verstehen, sondern ebenso plausibel und stimmig vermitteln und gegebenenfalls auch vormachen können. Wir wissen sehr gut, was es heißt, gegen die eigene Funktion zu arbeiten, und unsere Schüler lachen nicht selten über die eigenartigen Verrenkungen, die mit dem Versuch einhergehen, ihnen etwas typgerecht zu servieren.

Da wir in unserer Arbeit regelmäßig zwischen solaren und lunaren Vorgaben hin und her pendeln, wissen wir auch um die Unterschiede, die sich für uns aus der jeweiligen Position ergeben. Gegentypisches Arbeiten ist viel anstrengender, weil es permanentes Umdenken erforderlich macht, während das Anleiten des eigenen Atemtyps nicht selten einer Erholung gleichkommt. Hier ist einfach weniger »Achtsamkeit« erforderlich, da vieles allein durch Imitation angenommen wird. Für den Lehrer geht es lediglich darum, den eigenen Typ in seiner funktionalen Besonderheit zu präsentieren. Und das ist vergleichsweise einfach, weil der Lehrer eigentlich nur so sein muß, wie er (hinsichtlich seines Atemtyps) ist.

Dennoch: Die Tatsache, daß ein Lehrer eigentlich nur so zu sein braucht, wie er ist, und darin durchaus überzeugen kann, bedeutet noch lange nicht, daß andere (Schüler) nach den gleichen Kriterien zu funktionieren haben. Von einem Lehrer, der gegentypische Schüler unterrichtet, ist ein hohes Maß an Flexibilität und Einfühlungsvermögen gefordert. Was ihm dabei sehr hilft, ist eine gehörige Portion Gier auf Neues, auf Andersartiges. Und weil der Mensch sich selbst oft erst durch die Konfrontation mit dem Gegensätzlichen erkennt, bedeutet die Arbeit mit einem gegentypischen Schüler für den Lehrer ein Dazulernen und eine Bereicherung. Warum also nicht mal einen Kopfstand probieren?

Welcher Typ bin ich?

Die folgende Tabelle zum Nachschlagen des Atemtyps wurde vollständig dem Buch *Konstitution und Bipolarität* von Charlotte und Christian Hagena entnommen. Der Abdruck erfolgte mit freundlicher Genehmigung des Karl F. Haug Verlages, Heidelberg.

Zum Gebrauch der Tabelle möchten wir auf die Unterscheidung zwischen nördlicher und südlicher Hemisphäre hinweisen. Die Jahrgänge sind in Gruppen von jeweils 19 Jahren eingeteilt, da sich die prozentualen Verhältnisse in diesen Zeiträumen wiederholen. Lu = Lunar steht für den Einatmungstyp und So = Solar für den Ausatmungstyp. Den Fragezeichentypen (?) kommt in der Tabelle eine eigene Spalte zu.

Nördliche Hemisphäre

1900, 1919, 1938, 1957, 1976, 1995... und alle folgenden 19 Jahre

Januar	5–26 = Lu	29–31 = So	1–4, 27, 28 ?
Februar	6–23 = Lu	1, 2, 26–29 = So	3–5, 24, 25 ?
März	10–22 = Lu	1–6, 25–31 = So	7–9, 23, 24 ?
April	11–18 = Lu	1–7, 22–30 = So	8–10, 19–21 ?
Mai	13–16 = Lu	1–10, 19–31 = So	11, 12, 17, 18 ?
Juni		1–10, 15–30 = So	11–14 ?
Juli	13 = Lu	1–9, 16–31 = So	10–12, 14, 15 ?
August	9–13 = Lu	1–5, 17–31 = So	6–8, 14–16 ?
September	5–15 = Lu	1, 2, 18–29 = So	3, 4, 16, 17, 30 ?
Oktober	2–16, 29–31 = Lu	20–26 = So	1, 17–19, 27, 28 ?
November	1–17, 26–30 = Lu	21–23 = So	18–20, 24, 25 ?
Dezember	1–20, 24–31 = Lu		21–23 ?

1901, 1920, 1939, 1958, 1977, 1996... und alle folgenden 19 Jahre

Januar	1–16, 25–31 = Lu	20–22 = So	17–19, 23, 24 ?
Februar	1–13, 26–29 = Lu	16–22 = So	14, 15, 23–25 ?
März	1–11, 29–31 = Lu	14–26 = So	12, 13, 27, 28 ?
April	1–7 = Lu	11–26 = So	8–10, 27–30 ?
Mai	1–5 = Lu	8–28 = So	6, 7, 29–31 ?
Juni	1 = Lu	4–28 = So	2, 3, 29, 30 ?
Juli	1, 29–31 = Lu	4–26 = So	2, 3, 27, 28 ?
August	1, 25–31 = Lu	5–22 = So	2–4, 23, 24 ?
September	1, 2, 22–30 = Lu	5–19 = So	3, 4, 20, 21 ?
Oktober	1–4, 19–31 = Lu	8–16 = So	5–7, 17, 18 ?
November	1–5, 15–30 = Lu	8–12 = So	6, 7, 13, 14 ?
Dezember	1–7, 12–31 = Lu		8–11 ?

1902, 1921, 1940, 1959, 1978, 1997... und alle folgenden 19 Jahre

Januar	1–6, 13–31 = Lu	9 = So	7, 8, 10–12 ?
Februar	1–3, 14–29 = Lu	6–10 = So	4, 5, 11–13 ?
März	1, 18–28 = Lu	4–14 = So	2, 3, 15–17, 29–31 ?
April	19–26 = Lu	1–15, 29, 30 = So	16–18, 27, 28 ?
Mai	20–22 = Lu	1–17, 26–31 = So	18, 19, 23–25 ?
Juni		1–18, 22–30 = So	19–21 ?
Juli	19–21 = Lu	1–16, 24–31 = So	17, 18, 22, 23 ?
August	15–21 = Lu	1–12, 25–31 = So	13, 14, 22–24 ?
September	12–22 = Lu	1–8, 26–30 = So	9–11, 23–25 ?
Oktober	9–24 = Lu	1–6, 27–31 = So	7, 8, 25, 26 ?
November	5–25 = Lu	1, 2, 29, 30 = So	3, 4, 26–28 ?
Dezember	3–27 = Lu		1, 2, 28–31 ?

Nördliche Hemisphäre

1903, 1922, 1941, 1960, 1979, 1998... und alle folgenden 19 Jahre

Januar	1–23 = Lu	26–29 = So	24, 25, 30, 31 ?
Februar	1–19 = Lu	23–29 = So	20–22 ?
März	6–19 = Lu	1, 2, 22–31 = So	3–5, 20, 21 ?
April	7–15 = Lu	1–3, 19–30 = So	4–6, 16–18 ?
Mai	9–13 = Lu	1–6, 16–31 = So	7, 8, 14, 15 ?
Juni	9 = Lu	1–6, 12–30 = So	7, 8, 10, 11 ?
Juli	9 = Lu	1–6, 13–31 = So	7, 8, 10–12 ?
August	5–9 = Lu	1, 2, 13–30 = So	3, 4, 10–12, 31 ?
September	2–11, 29, 30 = Lu	15–26 = So	1, 12–14, 27, 28 ?
Oktober	1–13, 26–31 = Lu	16–23 = So	14, 15, 24, 25 ?
November	1–13, 22–30 = Lu	17–19 = So	14–16, 20, 21 ?
Dezember	1–16, 20–31 = Lu		17–19 ?

1904, 1923, 1942, 1961, 1980, 1999... und alle folgenden 19 Jahre

Januar	1–14, 21–31 = Lu	17, 18 = So	15, 16, 19, 20 ?
Februar	1–9, 23–29 = Lu	13–18 = So	10–12, 19–22 ?
März	1–9, 27–31 = Lu	12–23 = So	10, 11, 24–26 ?
April	1–6, 28–30 = Lu	9–24 = So	7, 8, 25–27 ?
Mai	1, 2, 30 = Lu	6–26 = So	3–5, 27–29, 31 ?
Juni		3–26 = So	1, 2, 27–30 ?
Juli	26–28 = Lu	1–23 = So	24, 25, 29–31 ?
August	23–30 = Lu	1–20 = So	21, 22, 31 ?
September	19–30 = Lu	3–16 = So	1, 2, 17, 18 ?
Oktober	1, 2, 17–31 = Lu	5–14 = So	3, 4, 15, 16 ?
November	1, 2, 13–30 = Lu	6–10 = So	3–5, 11, 12 ?
Dezember	1–5, 11–31 = Lu	8 = So	6, 7, 9, 10 ?

1905, 1924, 1943, 1962, 1981, 2000... und alle folgenden 19 Jahre

Januar	1–3, 10–31 = Lu	6 = So	4, 5, 7–9 ?
Februar	11–27 = Lu	3–7 = So	1, 2, 8–10, 28, 29 ?
März	14–26 = Lu	1–10, 29–31 = So	11–13, 27, 28 ?
April	15–22 = Lu	1–12, 26–30 = So	13, 14, 23–25 ?
Mai	17–19 = Lu	1–13, 22–31 = So	14–16, 20, 21 ?
Juni		1–15, 19–30 = So	16–18 ?
Juli	16, 17 = Lu	1–13, 20–31 = So	14, 15, 18, 19 ?
August	12–17 = Lu	1–9, 21–31 = So	10, 11, 18–20 ?
September	9–19 = Lu	1–6, 23–30 = So	7, 8, 20–22 ?
Oktober	6–21 = Lu	1, 2, 25–30 = So	3–5, 22–24, 31 ?
November	2–22, 29, 30 = Lu	26 = So	1, 23–25, 27, 28 ?
Dezember	1–24, 28–31 = Lu		25–27 ?

Nördliche Hemisphäre

1906, 1925, 1944, 1963, 1982, 2001... und alle folgenden 19 Jahre

Januar	1–20, 29–31 = Lu	23–25 = So	21, 22, 26–28 ?
Februar	1–17 = Lu	21–27 = So	18–20, 28, 29 ?
März	3–15 = Lu	19–31 = So	1, 2, 16–18 ?
April	4–13 = Lu	16–30 = So	1–3, 14, 15 ?
Mai	6–10 = Lu	1, 2, 13–31 = So	3–5, 11, 12 ?
Juni	6 = Lu	1–3, 9–30 = So	4, 5, 7, 8 ?
Juli	6 = Lu	1–3, 9–30 = So	4, 5, 7, 8, 31 ?
August	3–6, 30, 31 = Lu	10–26 = So	1, 2, 7–9, 27–29 ?
September	1–7, 27–30 = Lu	11–23 = So	8–10, 24–26 ?
Oktober	1–9, 23–31 = Lu	13–20 = So	10–12, 21, 22 ?
November	1–10, 20–30 = Lu	14–17 = So	11–13, 18, 19 ?
Dezember	1–12, 18–31 = Lu	15 = So	13, 14, 16, 17 ?

1907, 1926, 1945, 1964, 1983, 2002... und alle folgenden 19 Jahre

Januar	1–11, 17–31 = Lu	14 = So	12, 13, 15, 16 ?
Februar	1–6, 19–29 = Lu	10–15 = So	7–9, 16–18 ?
März	1–6, 23–31 = Lu	9–19 = So	7, 8, 20–22 ?
April	1, 2, 25–30 = Lu	6–21 = So	3–5, 22–24 ?
Mai	26, 27 = Lu	4–23, 30, 31 = So	1–3, 24, 25, 28, 29 ?
Juni		1–23, 27–30 = So	24–26 ?
Juli	24–26 = Lu	1–21, 29–31 = So	22, 23, 27, 28 ?
August	20–27 = Lu	1–17, 30, 31 = So	18, 19, 28, 29 ?
September	16–27 = Lu	1–13 = So	14, 15, 28–30 ?
Oktober	14–30 = Lu	1–10 = So	11–13, 31 ?
November	10–30 = Lu	3–7 = So	1, 2, 8, 9 ?
Dezember	1, 8–31 = Lu		2–7 ?

1908, 1927, 1946, 1965, 1984, 2003... und alle folgenden 19 Jahre

Januar	6–28 = Lu	3, 31 = So	1, 2, 4, 5, 29, 30 ?
Februar	8–24 = Lu	1–4, 27–29 = So	5–7, 25, 26 ?
März	12–23 = Lu	1–8, 27–31 = So	9–11, 24–26 ?
April	13–20 = Lu	1–9, 23–30 = So	10–12, 21, 22 ?
Mai	15–17 = Lu	1–11, 20–31 = So	12–14, 18, 19 ?
Juni		1–13, 17–30 = So	14–16 ?
Juli	14 = Lu	1–10, 18–31 = So	11–13, 15–17 ?
August	11–16 = Lu	1–7, 19–31 = So	8–10, 17–18 ?
September	7–16 = Lu	1–3, 20–30 = So	4–6, 17–19 ?
Oktober	3–18, 31 = Lu	22–28 = So	1, 2, 19–21, 29, 30 ?
November	1–19, 28–30 = Lu	23, 24 = So	20–22, 25–27 ?
Dezember	1–22, 26–31 = Lu		23–25 ?

Nördliche Hemisphäre

1909, 1928, 1947, 1966, 1985, 2004 ... und alle folgenden 19 Jahre

Januar	1–18, 26–31 = Lu	21–23 = So	19, 20, 24, 25 ?
Februar	1–14, 28, 29 = Lu	18–25 = So	15–17, 26, 27 ?
März	1–12, 31 = Lu	16–27 = So	13–15, 28–30 ?
April	1–9 = Lu	12–29 = So	10, 11, 30 ?
Mai	3–6 = Lu	9–31 = So	1, 2, 7, 8 ?
Juni	3 = Lu	6–30 = So	1, 2, 4, 5 ?
Juli	3, 30, 31 = Lu	6–27 = So	1, 2, 4, 5, 28, 29 ?
August	1, 2, 27–31 = Lu	6–23 = So	3–5, 24–26 ?
September	1–4, 23–30 = Lu	8–19 = So	5–7, 20–22 ?
Oktober	1–5, 20–31 = Lu	9–17 = So	6–8, 18, 19 ?
November	1–7, 17–30 = Lu	10–14 = So	8, 9, 15, 16 ?
Dezember	1–9, 14–31 = Lu		10–13 ?

1910, 1929, 1948, 1967, 1986, 2005 ... und alle folgenden 19 Jahre

Januar	1–8, 14–31 = Lu	11 = So	9, 10, 12, 13 ?
Februar	1–3, 15–29 = Lu	7–12 = So	4–6, 13, 14 ?
März	1–3, 20–30 = Lu	6–16 = So	4, 5, 17–19, 31 ?
April	20–26 = Lu	2–17, 29, 30 = So	1, 18, 19, 27, 28 ?
Mai	23, 24 = Lu	1–19, 27–31 = So	20–22, 25, 26 ?
Juni		1–20, 24–30 = So	21–23 ?
Juli	20–22 = Lu	1–17, 25–31 = So	18, 19, 23, 24 ?
August	17–23 = Lu	1–14, 26–31 = So	15, 16, 24, 25 ?
September	13–24 = Lu	1–10, 27–30 = So	11, 12, 25, 26 ?
Oktober	10–26 = Lu	1–7, 29–31 = So	8, 9, 27, 28 ?
November	7–27 = Lu	1–4 = So	5, 6, 28–30 ?
Dezember	4–28 = Lu		1–3, 29–31 ?

1911, 1930, 1949, 1968, 1987, 2006 ... und alle folgenden 19 Jahre

Januar	3–24 = Lu	28–31 = So	1, 2, 25–27 ?
Februar	3–21 = Lu	24–29 = So	1, 2, 22, 23 ?
März	8–20 = Lu	1–4, 23–31 = So	5–7, 21, 22 ?
April	9–17 = Lu	1–6, 20–30 = So	7, 8, 18, 19 ?
Mai	10–14 = Lu	1–7, 17–31 = So	8, 9, 15, 16 ?
Juni		1–8, 13–30 = So	9–12 ?
Juli	10 = Lu	1–7, 14–31 = So	8, 9, 11–13 ?
August	7–12 = Lu	1–4, 15–31 = So	5, 6, 13, 14 ?
September	4–13, 30 = Lu	16–27 = So	1–3, 14, 15, 28, 29 ?
Oktober	1–14, 28–31 = Lu	18–24 = So	15–17, 25–27 ?
November	1–16, 24–30 = Lu	19–21 = So	17, 18, 22, 23 ?
Dezember	1–18, 22–31 = Lu		19–21 ?

Nördliche Hemisphäre

1912, 1931, 1950, 1969, 1988, 2007... und alle folgenden 19 Jahre

Januar	1–15, 23–31 = Lu	18–20 = So	16, 17, 21, 22 ?
Februar	1–12, 25–29 = Lu	15–21 = So	13, 14, 22–24 ?
März	1–10, 27–31 = Lu	13–24 = So	11, 12, 25, 26 ?
April	1–6, 28–30 = Lu	9–25 = So	7, 8, 26, 27 ?
Mai	1–3, 30 = Lu	6–27 = So	4, 5, 28, 29, 31 ?
Juni		3–27 = So	1, 2, 28–30 ?
Juli	28–30 = Lu	2–25 = So	1, 26, 27, 31 ?
August	24–31 = Lu	3–20 = So	1, 2, 21–23 ?
September	21–30 = Lu	4–17 = So	1–3, 18–20 ?
Oktober	1, 2, 18–31 = Lu	6–14 = So	3–5, 15–17 ?
November	1–5, 14–30 = Lu	8–11 = So	6, 7, 12, 13 ?
Dezember	1–5, 12–31 = Lu	8 = So	6, 7, 9–11 ?

1913, 1932, 1951, 1970, 1989, 2008... und alle folgenden 19 Jahre

Januar	1–4, 10–31 = Lu	7 = So	5, 6, 8, 9 ?
Februar	1, 12–29 = Lu	4–8 = So	2, 3, 9–11 ?
März	16–27 = Lu	4–13, 30, 31 = So	1–3, 14, 15, 28, 29 ?
April	17–23 = Lu	1–13, 27–30 = So	14–16, 24–26 ?
Mai	19–21 = Lu	1–16, 24–31 = So	17, 18, 22, 23 ?
Juni		1–16, 20–30 = So	17–19 ?
Juli	18, 19 = Lu	1–15, 22–31 = So	16, 17, 20, 21 ?
August	14–19 = Lu	1–11, 23–31 = So	12, 13, 20–22 ?
September	10–21 = Lu	1–7, 24–30 = So	8, 9, 22, 23 ?
Oktober	7–23 = Lu	1–4, 26–31 = So	5, 6, 24, 25 ?
November	4–24 = Lu	1, 28 = So	2, 3, 25–27, 29, 30 ?
Dezember	2–25, 30, 31 = Lu		1, 26–29 ?

1914, 1933, 1952, 1971, 1990, 2009... und alle folgenden 19 Jahre

Januar	1–21, 31 = Lu	25–27 = So	22–24, 28–30 ?
Februar	1–20 = Lu	23–29 = So	21, 22 ?
März	4–18 = Lu	1, 21–31 = So	2, 3, 19, 20 ?
April	5–15 = Lu	1, 2, 18–30 = So	3, 4, 16, 17 ?
Mai	7–11 = Lu	1–4, 14–31 = So	5, 6, 12, 13 ?
Juni	8 = Lu	1–5, 11–30 = So	6, 7, 9, 10 ?
Juli	7 = Lu	1–4, 10–31 = So	5, 6, 8, 9 ?
August	4–8 = Lu	1, 12–28 = So	2, 3, 9–11, 29–31 ?
September	1–9, 28–30 = Lu	12–24 = So	10, 11, 25–27 ?
Oktober	1–12, 25–31 = Lu	15–22 = So	13, 14, 23, 24 ?
November	1–12, 21–30 = Lu	16–18 = So	13–15, 19, 20 ?
Dezember	1–15, 19–31 = Lu		16–18 ?

Nördliche Hemisphäre

1915, 1934, 1953, 1972, 1991, 2010... und alle folgenden 19 Jahre

Januar	1–12, 19–31 = Lu	15, 16 = So	13, 14, 17, 18 ?
Februar	1–8, 21–29 = Lu	11–17 = So	9, 10, 18–20 ?
März	1–7, 26–31 = Lu	11–21 = So	8–10, 22–25 ?
April	1–4, 26–30 = Lu	7–23 = So	5, 6, 24, 25 ?
Mai	1, 2, 28 = Lu	5–25 = So	3, 4, 26, 27, 29, 30 ?
Juni		1–25, 30 = So	26–29 ?
Juli	25–28 = Lu	1–22, 31 = So	23, 24, 29, 30 ?
August	21–28 = Lu	1–18 = So	19, 20, 29–31 ?
September	18–30 = Lu	1–15 = So	16, 17 ?
Oktober	15–31 = Lu	3–12 = So	1, 2, 13, 14 ?
November	1, 12–30 = Lu	5–9 = So	2–4, 10, 11 ?
Dezember	1–3, 9–31 = Lu		4–8 ?

1916, 1935, 1954, 1973, 1992, 2011... und alle folgenden 19 Jahre

Januar	1–2, 8–29 = Lu		3–7, 30, 31 ?
Februar	9–26 = Lu	1–5 = So	6–8, 27–29 ?
März	13–25 = Lu	1–9, 28–31 = So	10–12, 26, 27 ?
April	15–21 = Lu	1–11, 25–30 = So	12–14, 22–24 ?
Mai	15–18 = Lu	1–12, 21–31 = So	13, 14, 19, 20 ?
Juni		1–14, 18–30 = So	15–17 ?
Juli	15, 16 = Lu	1–12, 19–31 = So	13, 14, 17, 18 ?
August	12–17 = Lu	1–8, 21–31 = So	9–11, 18–20 ?
September	8–17 = Lu	1–5, 21–30 = So	6, 7, 18–20 ?
Oktober	5–19 = Lu	1, 23–29 = So	2–4, 20–22, 30, 31 ?
November	1–20, 29, 30 = Lu	24, 25 = So	21–23, 26–28 ?
Dezember	1–22, 26–31 = Lu		23–25 ?

1917, 1936, 1955, 1974, 1993, 2012... und alle folgenden 19 Jahre

Januar	1–18, 28–31 = Lu	22–24 = So	19–21, 25–27 ?
Februar	1–15, 29 = Lu	18–25 = So	16, 17, 26–28 ?
März	1–14 = Lu	18–29 = So	15–17, 30, 31 ?
April	2–10 = Lu	14–30 = So	1, 11–13 ?
Mai	5–8 = Lu	1, 12–31 = So	2–4, 9–11 ?
Juni		1, 2, 8–30 = So	3–7 ?
Juli		1, 7–29 = So	2–6, 30, 31 ?
August	1–5, 28–31 = Lu	8–24 = So	6, 7, 25–27 ?
September	1–5, 25–30 = Lu	10–21 = So	6–9, 22–24 ?
Oktober	1–9, 23–31 = Lu	13–19 = So	10–12, 20–22 ?
November	1–8, 19–30 = Lu	12–15 = So	9–11, 16–18 ?
Dezember	1–11, 16–31 = Lu		12–15 ?

Nördliche Hemisphäre

1918, 1937, 1956, 1975, 1994, 2013... und alle folgenden 19 Jahre

Januar	1–8, 16–31 = Lu	12 = So	9–11, 13–15 ?
Februar	1–5, 17–29 = Lu	9–13 = So	6–8, 14–16 ?
März	1–4, 21–31 = Lu	8–17 = So	5–7, 18–20 ?
April	1, 23–28 = Lu	4–19 = So	2, 3, 20–22, 29, 30 ?
Mai	25 = Lu	2–20, 29–31 = So	1, 21–24, 26–28 ?
Juni		1–22, 26–30 = So	23–25 ?
Juli	23 = Lu	1–19, 27–31 = So	20–22, 24–26 ?
August	19–25 = Lu	1–15, 29–31 = So	16–18, 26–28 ?
September	15–26 = Lu	1–11, 30 = So	12–14, 27–29 ?
Oktober	12–27 = Lu	1–9, 31 = So	10, 11, 28–30 ?
November	9–30 = Lu	1–5 = So	6–8 ?
Dezember	6–30 = Lu		1–5, 31 ?

Südliche Hemisphäre

1900, 1919, 1938, 1957, 1976, 1995... und alle folgenden 19 Jahre

Januar		1–13, 20–31 = So	14–19 ?
Februar	13–18 = Lu	1–9, 22–29 = So	10–12, 19–21 ?
März	12–22 = Lu	1–7, 26–31 = So	8–11, 23–25 ?
April	9–23 = Lu	1–5, 27–30 = So	6–8, 24–26 ?
Mai	6–25 = Lu	1, 2 = So	3–5, 26–31 ?
Juni	1–25, 30 = Lu		26–29 ?
Juli	1–23 = Lu	26–28 = So	24, 25, 29–31 ?
August	2–19 = Lu	22–29 = So	1, 20, 21, 30, 31 ?
September	3–15 = Lu	19–30 = So	1, 2, 16–18 ?
Oktober	5–12 = Lu	16–31 = So	1–4, 13–15 ?
November	5–8 = Lu	1, 12–30 = So	2–4, 9–11 ?
Dezember		1–3, 10–31 = So	4–9 ?

1901, 1920, 1939, 1958, 1977, 1996... und alle folgenden 19 Jahre

Januar		1, 2, 9–30 = So	3–8, 31 ?
Februar	3–6 = Lu	10–26 = So	1, 2, 7–9, 27–29 ?
März	1–9, 29–31 = Lu	13–25 = So	10–12, 26–28 ?
April	1–10, 25–30 = Lu	14–21 = So	11–13, 22–24 ?
Mai	1–13, 23–31 = Lu	17–19 = So	14–16, 20–22 ?
Juni	1–13, 19–30 = Lu		14–18 ?
Juli	1–11, 20–31 = Lu	15 = So	12–14, 16–19 ?
August	1–8, 21–31 = Lu	12–17 = So	9–11, 18–20 ?
September	1–4, 22–30 = Lu	8–18 = So	5–7, 19–21 ?
Oktober	1, 2, 24–29 = Lu	6–20 = So	3–5, 21–23, 30, 31 ?
November	26 = Lu	2–21, 30 = So	1, 22–25, 27–29 ?
Dezember		1–23, 28–31 = So	24–27 ?

1902, 1921, 1940, 1959, 1978, 1997... und alle folgenden 19 Jahre

Januar	23, 24 = Lu	1–19, 28–31 = So	20–22, 25–27 ?
Februar	20–25 = Lu	1–16 = So	17–19, 26–29 ?
März	18–30 = Lu	2–15 = So	1, 16, 17, 31 ?
April	15–30 = Lu	3–11 = So	1, 2, 12–14 ?
Mai	1, 12–31 = Lu	5–8 = So	2–4, 9–11 ?
Juni	1, 2, 9–30 = Lu		3–8 ?
Juli	1, 2, 9–29 = Lu		3–8, 30, 31 ?
August	10–25 = Lu	2–5, 29–31 = So	1, 6–9, 26–28 ?
September	11–22 = Lu	1–6, 26–30 = So	7–10, 23–25 ?
Oktober	12–19 = Lu	1–8, 22–31 = So	9–11, 20, 21 ?
November	14–16 = Lu	1–9, 19–30 = So	10–13, 17, 18 ?
Dezember		1–12, 17–31 = So	13–16 ?

Südliche Hemisphäre

1903, 1922, 1941, 1960, 1979, 1998... und alle folgenden 19 Jahre

Januar	13 = Lu	1–9, 17–31 = So	10–12, 14–16 ?
Februar	10–14 = Lu	1–6, 18–29 = So	7–9, 15–17 ?
März	9–18 = Lu	1–5, 23–31 = So	6–8, 19–22 ?
April	5–19 = Lu	1, 24–29 = So	2–4, 20–23, 30 ?
Mai	3–21, 30, 31 = Lu	25, 26 = So	1, 2, 22–24, 27–29 ?
Juni	1–22, 28–30 = Lu		23–27 ?
Juli	1–19, 29–31 = Lu	23–25 = So	20–22, 26–28 ?
August	1–15, 30, 31 = Lu	19–25 = So	16–18, 26–29 ?
September	1–12 = Lu	16–27 = So	13–15, 28–30 ?
Oktober	1–9 = Lu	13–29 = So	10–12, 30, 31 ?
November	2–5 = Lu	9–30 = So	1, 6–8 ?
Dezember		7–31 = So	1–6 ?

1904, 1923, 1942, 1961, 1980, 1999... und alle folgenden 19 Jahre

Januar	31 = Lu	6–26 = So	1–5, 27–30 ?
Februar	1, 2, 27–29 = Lu	6–23 = So	3–5, 24–26 ?
März	1–7, 26–31 = Lu	11–22 = So	8–10, 23–25 ?
April	1–8, 23–30 = Lu	12–19 = So	9–11, 20–22 ?
Mai	1–9, 20–31 = Lu	14–16 = So	10–13, 17–19 ?
Juni	1–11, 16–30 = Lu		12–15 ?
Juli	1–10, 18–31 = Lu	15 = So	11–14, 16, 17 ?
August	1–6, 19–31 = Lu	10–14 = So	7–9, 15–18 ?
September	1, 2, 19–30 = Lu	6–15 = So	3–5, 16–18 ?
Oktober	21–26 = Lu	4–17, 30, 31 = So	1–3, 18–20, 27–29 ?
November	22, 23 = Lu	1–18, 27–30 = So	19–21, 24–26 ?
Dezember		1–20, 24–31 = So	21–23 ?

1905, 1924, 1943, 1962, 1981, 2000... und alle folgenden 19 Jahre

Januar	22 = Lu	1–17, 27–31 = So	18–21, 23–26 ?
Februar	17–23 = Lu	1–13, 27–29 = So	14–16, 24–26 ?
März	16–26 = Lu	1–12, 31 = So	13–15, 27–30 ?
April	12–27 = Lu	1–8 = So	9–11, 28–30 ?
Mai	9–29 = Lu	1–5 = So	6–8, 30, 31 ?
Juni	5–29 = Lu	2 = So	1, 3, 4, 30 ?
Juli	5–26 = Lu	30, 31 = So	1–4, 27–29 ?
August	6–22 = Lu	1, 26–31 = So	2–5, 23–25 ?
September	7–19 = Lu	1–3, 22–30 = So	4–6, 20, 21 ?
Oktober	8–16 = Lu	1–4, 20–31 = So	5–7, 17–19 ?
November	10–12 = Lu	1–6, 16–30 = So	7–9, 13–15 ?
Dezember		1–8, 14–31 = So	9–13 ?

Südliche Hemisphäre

1906, 1925, 1944, 1963, 1982, 2001... und alle folgenden 19 Jahre

Januar	10 = Lu	1–7, 14–31 = So	8, 9, 11–13 ?
Februar	6–10 = Lu	1, 2, 15–29 = So	3–5, 11–14 ?
März	6–14 = Lu	1, 2, 19–29 = So	3–5, 15–18, 30, 31 ?
April	2–16, 29, 30 = Lu	20–26 = So	1, 17–19, 27, 28 ?
Mai	1–17, 26–31 = Lu	22 = So	18–21, 23–25 ?
Juni	1–19, 23–30 = Lu		20–22 ?
Juli	1–16, 25–31 = Lu	20, 21 = So	17–19, 22–24 ?
August	1–13, 26–31 = Lu	16–22 = So	14, 15, 23–25 ?
September	1–9, 28–30 = Lu	13–23 = So	10–12, 24–27 ?
Oktober	1–6, 29–31 = Lu	10–25 = So	7–9, 26–28 ?
November	1–3, 30 = Lu	6–26 = So	4, 5, 27–29 ?
Dezember		4–27 = So	1–3, 28–31 ?

1907, 1926, 1945, 1964, 1983, 2002... und alle folgenden 19 Jahre

Januar	27–29 = Lu	2–23 = So	1, 24–26, 30, 31 ?
Februar	24–29 = Lu	3–20 = So	1, 2, 21–23 ?
März	1–3, 23–31 = Lu	7–19 = So	4–6, 20–22 ?
April	1–4, 20–30 = Lu	8–16 = So	5–7, 17–19 ?
Mai	1–6, 17–31 = Lu	11–13 = So	7–10, 14–16 ?
Juni	1–7, 13–30 = Lu		8–12 ?
Juli	1–7, 14–31 = Lu		8–13 ?
August	1–3, 14–30 = Lu	6–10 = So	4, 5, 11–13, 31 ?
September	16–26 = Lu	3–11, 30 = So	1, 2, 12–15, 27–29 ?
Oktober	18–24 = Lu	1–13, 28–31 = So	14–17, 25–27 ?
November	19, 20 = Lu	1–14, 24–30 = So	15–18, 21–23 ?
Dezember		1–16, 21–31 = So	17–20 ?

1908, 1927, 1946, 1965, 1984, 2003... und alle folgenden 19 Jahre

Januar	17 = Lu	1–13, 22–31 = So	14–16, 18–21 ?
Februar	14–19 = Lu	1–10, 23–29 = So	11–13, 20–22 ?
März	13–24 = Lu	1–9, 28–31 = So	10–12, 25–27 ?
April	10–24 = Lu	1–6, 29, 30 = So	7–9, 25–28 ?
Mai	6–26 = Lu	1–3, 30 = So	4, 5, 27–29, 31 ?
Juni	3–26 = Lu		1, 2, 27–30 ?
Juli	2–23 = Lu	27–29 = So	1, 24–26, 30, 31 ?
August	3–20 = Lu	24–31 = So	1, 2, 21–23 ?
September	4–16 = Lu	20–30 = So	1–3, 17–19 ?
Oktober	6–13 = Lu	1, 17–31 = So	2–5, 14–16 ?
November	7–10 = Lu	1–3, 14–30 = So	4–6, 11–13 ?
Dezember		1–5, 11–31 = So	6–10 ?

Südliche Hemisphäre

1909, 1928, 1947, 1966, 1985, 2004... und alle folgenden 19 Jahre

Januar		1–4, 11–31 = So	5–10 ?
Februar	4–7 = Lu	12–28 = So	1–3, 8–11, 29 ?
März	3–11, 30, 31 = Lu	15–26 = So	1, 2, 12–14, 27–29 ?
April	1–12, 26–30 = Lu	17–23 = So	13–16, 24, 25 ?
Mai	1–13, 24–31 = Lu	18–20 = So	14–17, 21–23 ?
Juni	1–14, 20–30 = Lu		15–19 ?
Juli	1–13, 21–31 = Lu	17 = So	14–16, 18–20 ?
August	1–9, 23–31 = Lu	13–18 = So	10–12, 19–22 ?
September	1–6, 23–30 = Lu	10–19 = So	7–9, 20–22 ?
Oktober	1–3, 25–30 = Lu	7–21 = So	4–6, 22–24, 31 ?
November	27 = Lu	3–23 = So	1, 2, 24–26, 28–30 ?
Dezember		1–24, 29–31 = So	25–28 ?

1910, 1929, 1948, 1967, 1986, 2005... und alle folgenden 19 Jahre

Januar	24–26 = Lu	1–21, 30, 31 = So	22, 23, 27–29 ?
Februar	20–28 = Lu	1–17 = So	18, 19, 29 ?
März	20–31 = Lu	4–16 = So	1–3, 17–19 ?
April	16–30 = Lu	5–12 = So	1–4, 13–15 ?
Mai	1, 2, 14–31 = Lu	7–11 = So	3–6, 12, 13 ?
Juni	1–3, 10–30 = Lu		4–9 ?
Juli	1–3, 10–31 = Lu		4–9 ?
August	11–27 = Lu	3–7, 31 = So	1, 2, 8–10, 28–30 ?
September	12–23 = Lu	1–7, 27–30 = So	8–11, 24–26 ?
Oktober	14–21 = Lu	1–10, 24–31 = So	11–13, 22, 23 ?
November	16–18 = Lu	1–11, 21–30 = So	12–15, 19, 20 ?
Dezember		1–13, 18–31 = So	14–17 ?

1911, 1930, 1949, 1968, 1987, 2006... und alle folgenden 19 Jahre

Januar	14 = Lu	1–10, 18–31 = So	11–13, 15–17 ?
Februar	11–16 = Lu	1–7, 20–29 = So	8–10, 17–19 ?
März	10–20 = Lu	1–7, 24–31 = So	8, 9, 21–23 ?
April	7–21 = Lu	1–3, 25–30 = So	4–6, 22–24 ?
Mai	4–23 = Lu	28 = So	1–3, 24–27, 29–31 ?
Juni	1–24, 28–31 = Lu		25–27 ?
Juli	1–20, 30, 31 = Lu	24–26 = So	21–23, 27–29 ?
August	1–17 = Lu	21–28 = So	18–20, 29–31 ?
September	1–13 = Lu	17–28 = So	14–16, 29, 30 ?
Oktober	2–10 = Lu	14–30 = So	1, 11–13, 31 ?
November	4–7 = Lu	11–30 = So	1–3, 8–10 ?
Dezember		1, 2, 9–31 = So	3–8 ?

Südliche Hemisphäre

1912, 1931, 1950, 1969, 1988, 2007... und alle folgenden 19 Jahre			
Januar		1, 8–29 = So	2–7, 30, 31 ?
Februar	2–5, 29 = Lu	9–25 = So	1, 6–8, 26–28 ?
März	1–7, 27–31 = Lu	12–23 = So	8–11, 24–26 ?
April	1–8, 24–30 = Lu	13–20 = So	9–12, 21–23 ?
Mai	1–10, 21–31 = Lu	15–17 = So	11–14, 18–20 ?
Juni	1–12, 17–30 = Lu		13–16 ?
Juli	1–10, 18–31 = Lu	14–15 = So	11–13, 16, 17 ?
August	1–6, 19–31 = Lu	10–15 = So	7–9, 16–18 ?
September	1–3, 20–30 = Lu	7–16 = So	4–6, 17–19 ?
Oktober	23–28 = Lu	4–18 = So	1–3, 19–22, 29–31 ?
November	23, 24 = Lu	1–19, 28–30 = So	20–22, 25–27 ?
Dezember		1–22, 26–31 = So	23–25 ?

1913, 1932, 1951, 1970, 1989, 2008... und alle folgenden 19 Jahre			
Januar	22, 23 = Lu	1–18, 27–31 = So	19–21, 24–26 ?
Februar	18–24 = Lu	1–14, 29 = So	15–17, 25–28 ?
März	18–28 = Lu	1–14 = So	15–17, 29–31 ?
April	14–29 = Lu	1–10 = So	11–13, 30 ?
Mai	11–31 = Lu	4–7 = So	1–3, 8–10 ?
Juni	7–30 = Lu		1–6 ?
Juli	1, 7–28 = Lu		2–6, 29–31 ?
August	8–24 = Lu	1–3, 28–31 = So	4–7, 25–27 ?
September	9–20 = Lu	1–4, 25–30 = So	5–8, 21–24 ?
Oktober	11–17 = Lu	1–6, 21–31 = So	7–10, 18–20 ?
November	12–14 = Lu	1–8, 18–30 = So	9–11, 15–17 ?
Dezember		1–10, 16–31 = So	11–15 ?

1914, 1933, 1952, 1971, 1990, 2009... und alle folgenden 19 Jahre			
Januar		1–8, 16–31 = So	9–15 ?
Februar	8–12 = Lu	1–4, 16–29 = So	5–7, 13–15 ?
März	8–17 = Lu	1–3, 21–31 = So	4–7, 18–20 ?
April	4–18 = Lu	22–27 = So	1–3, 19–21, 28–31 ?
Mai	1–20, 29–31 = Lu	24, 25 = So	21–23, 26–28 ?
Juni	1–21, 26–30 = Lu		22–25 ?
Juli	1–18, 28–31 = Lu	22–24 = So	19–21, 25–27 ?
August	1–14, 28–31 = Lu	18–24 = So	15–17, 25–27 ?
September	1–10, 29, 30 = Lu	14–25 = So	11–13, 26–28 ?
Oktober	1–8 = Lu	12–27 = So	9–11, 28–31 ?
November	1–4 = Lu	8–28 = So	5–7, 29–30 ?
Dezember	2 = Lu	6–29 = So	1, 3–5, 30, 31 ?

Südliche Hemisphäre

1915, 1934, 1953, 1972, 1991, 2010... und alle folgenden 19 Jahre

Januar	30, 31 = Lu	4–26 = So	1–3, 27–29 ?
Februar	1, 26–29 = Lu	5–21 = So	2–4, 22–25 ?
März	1–5, 25–31 = Lu	9–21 = So	6–8, 22–24 ?
April	1–6, 21–30 = Lu	10–17 = So	7–9, 18–20 ?
Mai	1–8, 19–31 = Lu	13–15 = So	9–12, 16–18 ?
Juni	1–9, 15–30 = Lu		10–14 ?
Juli	1–8, 16–31 = Lu		9–15 ?
August	1–4, 17–31 = Lu	8–12 = So	5–7, 13–16 ?
September	1, 18–28 = Lu	5–14 = So	2–4, 15–17, 29, 30 ?
Oktober	19–25 = Lu	2–15, 29–31 = So	1, 16–18, 26–28 ?
November	21 = Lu	1–16, 25–30 = So	17–20, 22–24 ?
Dezember		1–19, 23–31 = So	20–22 ?

1916, 1935, 1954, 1973, 1992, 2011... und alle folgenden 19 Jahre

Januar	20 = Lu	1–16, 25–31 = So	17–19, 21–24 ?
Februar	16–22 = Lu	1–12, 26–29 = So	13–15, 23–25 ?
März	14–25 = Lu	1–10, 30, 31 = So	11–13, 26–29 ?
April	12–26 = Lu	1–8, 30 = So	9–11, 27–29 ?
Mai	8–27 = Lu	1–4 = So	5–7, 28–31 ?
Juni	4–27 = Lu		1–3, 28–30 ?
Juli	3–25 = Lu	29–31 = So	1, 2, 26–28 ?
August	5–21 = Lu	25–31 = So	1–4, 22–24 ?
September	5–17 = Lu	21–30 = So	1–4, 18–20 ?
Oktober	7–14 = Lu	1–3, 18–31 = So	4–6, 15–17 ?
November	8–10 = Lu	1–3, 15–30 = So	4–7, 11–14 ?
Dezember		1–6, 12–31 = So	7–11 ?

1917, 1936, 1955, 1974, 1993, 2012... und alle folgenden 19 Jahre

Januar		1–6, 12–31 = So	7–11 ?
Februar	5–9 = Lu	1, 2, 12–29 = So	3, 4, 10, 11 ?
März	4–13 = Lu	17–28 = So	1–3, 14–16, 29–31 ?
April	1–14, 28–30 = Lu	17–24 = So	15, 16, 25–27 ?
Mai	1–17, 25–31 = Lu	20–22 = So	18, 19, 23, 24 ?
Juni	1–17, 22–30 = Lu		18–21 ?
Juli	1–15, 24–31 = Lu	18–20 = So	16, 17, 21–23 ?
August	1–11, 24–31 = Lu	15–20 = So	12–14, 21–23 ?
September	1–8, 25–30 = Lu	11–22 = So	9, 10, 23, 24 ?
Oktober	1–6, 28–31 = Lu	9–24 = So	7, 8, 25–27 ?
November	1, 2, 28 = Lu	6–24 = So	3–5, 25–27, 29, 30 ?
Dezember		1–26, 31 = So	27–30 ?

Südliche Hemisphäre

1918, 1937, 1956, 1975, 1994, 2013... und alle folgenden 19 Jahre

Januar	26–28 = Lu	1–22 = So	23–25, 29–31 ?
Februar	22–29 = Lu	1–19 = So	20, 21 ?
März	1, 22–31 = Lu	5–18 = So	2–4, 19–21 ?
April	1, 2, 18–30 = Lu	7–15 = So	3–6, 16–17 ?
Mai	1–4, 15–31 = Lu	9–11 = So	5–8, 12–14 ?
Juni	1–5, 11–30 = Lu		6–10 ?
Juli	1–5, 12–31 = Lu		6–11 ?
August	13–29 = Lu	5–8 = So	1–4, 9–12, 30, 31 ?
September	14–25 = Lu	1–10, 29, 30 = So	11–13, 26–28 ?
Oktober	16–22 = Lu	1–12, 26–31 = So	13–15, 23–25 ?
November	17–19 = Lu	1–13, 23–30 = So	14–16, 20–22 ?
Dezember		1–15, 19–31 = So	16–18 ?

Anmerkungen

Was es ist und was es nicht ist

1 Siehe auch die Ausführungen zum charismatischen Exhibitionismus in Alavi Kia: *Stimme – Spiegel meines Selbst*, Braunschweig 1991, Seite 56
2 Siehe auch »Die Schüler-Lehrer-Beziehung im Lichte der Typenpolarität«

Wie der Atem, so der Typ

1 Siehe auch »Atemtypen im Instrumentalspiel«
2 Carol Easton: *Jacqueline du Pré*, Wien 1991, Seite 80
3 Siehe auch »Atemtypen im Instrumentalspiel«
4 Ferner kann in der Bauchlage durch Atmen eine größere Beweglichkeit der Lendenwirbelsäule erreicht werden, was Auswirkungen auf die Flexibilisierung des Zwerchfells hat.
5 Hans A. Neunzig: *Dietrich Fischer-Dieskau*, Berlin 1994, Seite 25
6 Adolf Faller: *Der Körper des Menschen*, Stuttgart 1978, Seite 242 ff.

Gut gestützt ist halb gewonnen

1 Es wird mit der Luft zu stark auf die Stimmbänder gedrückt (wie beispielsweise beim Husten).
2 Für die tägliche Arbeit am Klavier empfehlen wir die Ansatzübungen aus Alavi Kia: *Stimme – Spiegel meines Selbst*, Braunschweig 1991, Seite 157–160.
3 Abgesehen von der speziellen Situation, wo eine Regelung der Unterdruck/Überdruck-Verhältnisse innerhalb des Kehlkopfes trainiert werden soll und damit verbundene Töne auch »rückwärts« gesungen werden können.
4 Für eine gesunde Stimmfunktion ist im wesentlichen ein optimales Verhältnis zwischen Spannung der Stimmuskulatur und Atemdruck verantwortlich.

Der hörbare Unterschied

1 Siehe auch »Das Prinzip der Polarität« und »Wie der Atem, so der Typ«
2 Die Indifferenzlage wird definiert als der Bereich, wo das Input/Output-Verhältnis optimal ist, wo also mit dem geringsten Aufwand ein maximales Klangerlebnis erzielt wird.

3 Hier ist neben den Stimmbandmuskeln (*M. vocalis*) selbst noch die Muskulatur zwischen Ringknorpel und dem Unterrand des Schildknorpels zu nennen, ferner die Gruppe der Schließer (*M. cricoarytaenoideus lateralis* und *M. thyroarytaenoideus*) sowie der Öffner (*M. cricoarytaenoideus posterior*).

4 Siehe auch »Wie der Atem, so der Typ« (solare Atemübung)

5 Siehe auch »Gut gestützt ist halb gewonnen« – Das solare Appoggio

6 Es handelt sich hier in erster Linie um die Mobilisation *expiratorischer Reserveluft.*

7 Die für Spitzentöne erforderliche Energie ist ebenso vorhanden wie die Fähigkeit, musikalische Bögen phrasierungstechnisch richtig zu gestalten.

8 Die Lippen befinden sich beim solaren Typ in der Warmzone.

9 Siehe auch »Gut gestützt ist halb gewonnen« – Das lunare Appoggio

10 Wir sprechen hier im besonderen von der *inspiratorischen Tendenz*, einem Begriff, der in vielen Methoden der Stimmbildung Verwendung findet.

11 Siehe auch »Wie der Atem, so der Typ« – Aktiv geführtes Einatmen

12 Eine lunare Kursteilnehmerin, eine Japanerin, berichtete auf unseren Hinweis, daß ihre Sprechstimme möglicherweise mehr Entlastung für sie bringen würde, wenn sie sie höher ansetzte, daß sie das in ihrer Muttersprache (dem Japanischen) sehr wohl täte, sich aber für das Deutsche eine tiefere Lage angeeignet habe. Als sie daraufhin mit uns japanisch sprach, klang ihre Stimme viel mehr ihrer Person gemäß und darüber hinaus auch typgemäß.

13 das Verhältnis zwischen Stimmlippenspannung und Atemdruck

14 Siehe auch »Wie der Atem, so der Typ« – Aktiv geführtes Einatmen

15 So kann über einem angedeuteten Stimmimpuls bei gleichzeitig vollständigem Verschließen der Lippen das Brustbein gehoben werden.

16 Diese können innerhalb einer Stimmgattung (z. B. Sopran) zwischen dem lunaren und dem solaren Typ ohne weiteres um bis zu eine Oktave unterschiedlich sein. In der Regel jedoch handelt es sich um einen Unterschied von einer Quart oder einer Quint. Gerade am Beginn von Stimmübungen kann dieses Wissen eine wertvolle Hilfe sein.

17 Siehe hierzu auch Alavi Kia: *Stimme – Spiegel meines Selbst,* Braunschweig 1991, Seite 156

Das Zwerchfell

1 Adolf Faller: *Der Körper des Menschen*, Stuttgart 1978, Seite 241

2 Werner Platzer: *Bewegungsapparat*, Stuttgart 1991, Seite 103

3 Siehe auch »Der hörbare Unterschied«

Körperzonen

1 Erich Wilk: *Typenlehre*, Minden i. W. 1949
2 Siehe auch »Gut gestützt ist halb gewonnen«

Nehmen Sie Haltung an!

1 Siehe auch »Körperzonen«
2 *M. rectus capitalis posterior minor; M. rectus capitalis posterior major; M. obliquus capitis superior; M. obliquus capitis inferior*
3 Auf dem Wissen um diese Gegebenheit basiert das Körpertherapieprogramm der Alexandertechnik.
4 Das sehr langsame Tempo ist wichtig, um zu gewährleisten, daß keine Verspannung oder Verrenkung die Folge ist. Außerdem ist die Wirkung einer langsamen Bewegung deutlicher spürbar.
5 Siehe auch »Wie der Atem, so der Typ«
6 Siehe auch »Wie der Atem, so der Typ«
7 Michael Gelb: *Körperdynamik*, Frankfurt/Main 1992, Seite 131
8 Erich Wilk: *Typenlehre*, Minden i. W. 1949
9 Siehe Übung zur Kopfhaltung
10 Wichtig scheint uns hier zu betonen, daß es nicht um ein verspanntes Durchdrücken der Knie geht.

Körperarbeit …

1 Hier meinen wir neben der physischen Ebene die psychisch emotionale, die mental-intellektuelle, aber auch die spirituelle Dimension.
2 Siehe auch »Das Prinzip der Polarität«
3 Siehe auch »Nehmen Sie Haltung an!«
4 Siehe auch »Körperzonen«
5 Siehe auch »Nehmen Sie Haltung an!«
6 Siehe auch »Wie der Atem, so der Typ«
7 *M. masseter*, der große Kaumuskel, ist der stärkste Muskel des Körpers.
8 Siehe auch »Nehmen Sie Haltung an!«
9 *M. serratus anterior* als Atemhilfsmuskulatur
10 Siehe auch »Nehmen Sie Haltung an!«

Atemtypen im Instrumentalspiel

1 Siehe auch Alavi Kia: *Stimme – Spiegel meines Selbst*, Braunschweig 1991, Seite 37 ff.
2 Siehe auch »Nehmen Sie Haltung an!«
3 Hagena/Hagena: *Konstitution und Bipolarität*, Heidelberg 1993